新能源汽车
常见故障诊断与排除

主编　岳　刚

编者　岳　刚　周志勇　吴艳琴

杨　彬　李　洋

西北工業大學出版社

西　安

【内容简介】 本书系统地介绍了新能源汽车安全防护与工具使用、新能源汽车电器故障诊断与排除、新能源汽车底盘故障诊断与排除、新能源汽车空调故障诊断与排除以及新能源汽车高压系统故障诊断与排除等内容，可帮助技术人员更好地应对各种故障情况。

本书可作为新能源汽车技术人员的参考用书。

图书在版编目(CIP)数据

新能源汽车常见故障诊断与排除 / 岳刚主编．西安：西北工业大学出版社，2024.12. -- ISBN 978-7-5612-9601-1

Ⅰ. U469.707

中国国家版本馆 CIP 数据核字第 202485ET76 号

XINNENGYUAN QICHE CHANGJIAN GUZHANG ZHENDUAN YU PAICHU

新能源汽车常见故障诊断与排除

岳刚 主编

责任编辑：王玉玲　　**策划编辑：**刘巾歆
责任校对：曹　江　　**装帧设计：**高永斌　董晓伟
出版发行：西北工业大学出版社
通信地址：西安市友谊西路 127 号　　邮编：710072
电　　话：(029)88491757，88493844
网　　址：www.nwpup.com
印 刷 者：西安五星印刷有限公司
开　　本：787 mm×1 092 mm　　1/16
印　　张：9.875
字　　数：246 千字
版　　次：2024 年 12 月第 1 版　　2024 年 12 月第 1 次印刷
书　　号：ISBN 978-7-5612-9601-1
定　　价：78.00 元

前　　言

随着全球对环保和可持续发展的日益重视，新能源汽车作为传统燃油汽车的重要替代品，正逐渐走进我们的生活。新能源汽车的普及带来了许多好处，包括减少了尾气排放、降低了对化石燃料的依赖等。然而，与传统汽车相比，新能源汽车的结构和工作原理有所不同，这也给其故障诊断与排除带来了新的挑战。

在新能源汽车的故障诊断与排除过程中，技术人员需要面对一系列独特的问题。例如，电动驱动系统、电池管理系统、充电系统等关键部件的故障可能会影响整车的性能和安全。此外，新能源汽车的控制系统通常更加复杂，涉及多个电子模块和传感器，故障的排查和定位也更具难度。

本书旨在为新能源汽车的故障诊断与排除提供全面而深入的指导。书中的内容涵盖以下五个项目。

项目一：新能源汽车安全防护与工具使用。该项目包括新能源汽车高压电知识及触电应急处理、新能源汽车绝缘工具与检测设备的使用，由吴艳琴负责编写。

项目二：新能源汽车电器故障诊断与排除。该项目包括新能源汽车灯光不亮故障的诊断与排除、新能源汽车电动车窗不升降故障的诊断与排除，由岳刚负责编写。

项目三：新能源汽车底盘故障诊断与排除。该项目包括新能源汽车行驶异响故障的诊断与排除、新能源汽车 ABS 警告灯常亮故障的诊断与排除，由岳刚负责编写。

项目四：新能源汽车空调故障诊断与排除。该项目包括新能源汽车空调制冷不良故障的诊断与排除、新能源汽车空调供暖不良故障的诊断与排除，由李洋负责编写。

项目五：新能源汽车高压系统故障诊断与排除。该项目包括新能源汽车无法充电故障的诊断与排除、新能源汽车高压不能上电故障的诊断与排除、新能源汽车动力电池过热故障的诊断与排除、新能源汽车高压上电后无法行驶故障的诊断与排除，由杨彬和周志勇负责编写。

希望本书能够成为新能源汽车技术人员的重要参考资料，提升其故障诊断与排除能力。同时，也希望本书能为新能源汽车的普及和可持续发展作出贡献。

在编写本书的过程中，笔者参考了相关文献、资料，在此对其作者表示感谢。

虽然在编写本书的过程中，笔者力求内容的科学性、实用性和可读性，然而由于新能源汽车技术仍在不断发展和完善，书中难免会存在一些疏漏和不足之处。希望读者能够给予宝贵的意见和建议，以使本书得到不断改进和完善。

编　者

2024 年 5 月

目　录

项目一　新能源汽车安全防护与工具使用

项目二　新能源汽车电器故障诊断与排除

项目三　新能源汽车底盘故障诊断与排除

项目四　新能源汽车空调故障诊断与排除

项目五　新能源汽车高压系统故障诊断与排除

项目一

新能源汽车安全防护与工具使用

任务一　新能源汽车高压电知识及触电应急处理

【学习目标】

1)了解高压电的定义及等级。

2)掌握高压电在新能源汽车中的应用。

3)了解高压电对人体的伤害。

4)掌握预防触电的相关知识。

5)了解新能源汽车中高压电的危害,并能采取正确的触电急救措施。

【情景导入】

小张是北汽新能源汽车4S店一名刚入职的修理技师,现接到一项北汽EV160纯电动汽车的修理任务,用户反映该车不能上电。由于该车具有高压电,若盲目检修,极易因车辆故障导致触电伤害。为此,培训讲师对小张进行高压电及安全知识培训,并指导其完成对该新能源汽车的故障检修。

思考:什么是高压电?高压电对人体有哪些危害?应怎样预防高压电触电?

【学习过程】

一、新能源汽车中的高压电

新能源汽车有别于传统燃油汽车,它包括高压储能系统、驱动电机系统以及高压控制系统。新能源汽车用电能驱动电机运转,用电机驱动车辆行驶。

1. 高压系统基本概念

《电动汽车高压系统电压等级》(GB/T 31466—2015)中指出,高压系统是指电动汽车内部与动力电池直流母线相连或由动力电池电源驱动的高压驱动零部件系统,主要包括但不限于动力电池系统和/或高压配电系统(高压继电器、熔断器、电阻器、主开关等)、驱动电机及其控制器、电动压缩机总成、DC/DC(DC代表直流)变换器、车载充电机和正温度系数陶瓷(PTC)加热器等,见表1-1-1。插电式混合动力汽车还包括发电机系统,燃料电池汽车还包括燃料电池堆栈及其升压系统等。

国家标准将新能源汽车高压系统直流电压等级分为144 V、288 V、317 V、346 V、400 V、576 V几种,并同时注明由于技术进步、整车布置空间方面的因素,在具体应用中,可采用偏离上述电压等级的其他电压。

表1-1-1　新能源汽车高压系统主要零部件

高压电部位	图示	作用	说明
动力电池系统		给车辆提供高压电能,充电时储存电能	动力电池总成为高压元件,相连线束为高压电缆

续表

高压电部位	图示	作用	说明
驱动电机		将电能转换为机械能，为车辆行驶提供驱动力	驱动电机总成为高压元件，相连线束为高压电缆
驱动电机控制器		控制动力电源与驱动电机之间的能量传输	驱动电机控制器总成为高压元件，相连线束为高压电缆
电动压缩机总成		为空调制冷循环提供动力	电动压缩机总成为高压元件，相连线束为高压电缆
DC/DC 变换器		将动力电池高压电转换为低压电，为车辆低压电路提供电源	DC/DC 变换器总成为高压元件，输入线束为高压电缆
车载充电机		为车辆动力电池补充电能	车载充电机总成为高压元件，相连线束为高压电缆
PTC 加热器		为空调加热系统提供热能	PTC 加热器总成为高压元件，相连线束为高压电缆

2. 电压等级分类

根据《电工术语　发电、输电及配电　通用术语》(GB/T 2900.50—2008)的规定，低电压指用于配电的交流电力系统中 1 000 V 及其以下的电压等级，高电压指超过低电压的电压等级。国际上公认的高、低压电器分界线是交流电压 1 000 V、直流电压 1 500 V。目前国内市场销售、使用的新能源汽车驱动电源电压均低于 1 000 V，因此从事新能源汽车维修须持有的上岗证为“低压电工作业特种作业操作证”。

《电动汽车　安全要求　第3部分:人员触电防护》(GB/T 18384.3—2015)中将新能源汽车电压分为A级电压和B级电压,见表1-1-2。

表1-1-2　电压等级

电压等级	最大工作电压/V	
	直流	交流(rms)
A	$0<U\leqslant 60$	$0<U\leqslant 30$
B	$60<U\leqslant 1\ 500$	$30<U\leqslant 1\ 000$

注:rms表示交流电压有效值。

目前新能源汽车动力系统大多采用B级电压。A级电压主要应用于车辆12 V或24 V低压电路系统、低速电动汽车和部分采用48 V动力电池的轻度混合动力车型。

对最大工作电压达到B级电压的新能源汽车,必须按规定采取防止直接接触带电体的保护措施对维修人员进行保护,防止触电事故发生。B级电压电路中高压电缆的外皮应用警示色——橙色加以区别。新能源汽车动力电池内部高压电缆如图1-1-1所示。

图1-1-1　动力电池内部的高压电缆

3.安全电压

安全电压是指人体可较长时间接触带电体而不会直接致死或致残的电压。

由于环境条件、使用条件等的差异,各行各业对安全电压的要求有所不同。根据《标准电压》(GB/T 156—2017)的规定,直流电压低于1 500 V的设备额定电压优选6 V、12 V、24 V、36 V、48 V、60 V、72 V等。

安全电压应根据作业场所、操作条件、使用方式、供电方式、线路状况等因素选用。例如:一般环境中使用的手持电动工具应采用42 V特低电压;有电击危险环境中使用的手持照明灯和局部照明灯应采用36 V或24 V特低电压;金属容器内、特别潮湿处等特别危险环境中使用的手持照明灯应采用12 V特低电压;水下作业等场所应采用6 V特低电压。

《特低电压(ELV)限值》(GB/T 3805—2008)中规定,在最不利条件(除医疗及人体浸没在水中外)下,15～100 Hz交流电压不超过16 V(有效值)、无纹波直流电压不超过35 V。一般环境条件下新能源汽车允许持续接触的安全特低电压为36 V。

4.新能源汽车中的高压电

新能源汽车的高电压系统同时具有直流高压电和交流高压电，例如，动力电池中会存在直流高压电，而驱动电机中会存在交流高压电。车辆维修时，必须采取绝缘保护措施，防止触电伤害，但可依据高压电存在的形式有所区分。新能源纯电动汽车高压电存在形式主要有以下三种。

(1)持续存在

持续存在是指当车辆运行或停止时高压电始终存在。新能源汽车的动力电池是储能元件，因此当其满足放电条件后，会持续对外发电。为预防触电，无论何时对动力电池进行维修，都需要佩戴个人安全防护用具，采取绝缘保护措施。

(2)运行期间存在

运行期间存在是指，在点火开关打开即车辆处于上电状态(仪表OK灯或READY灯点亮)时，存在高压电。其主要分为以下两种类型。

1)只要车辆处于上电状态就存在，涉及部件主要包括新能源汽车的逆变器(如驱动电机控制器)、DC/DC变换器及与其相连的高压电缆。

2)虽然车辆处于上电状态，但需要接通功能开关才会存在，涉及部件主要包括电动空调压缩机、PTC加热器和驱动电机。例如：只有当车辆空调(A/C)开关打开时电动空调压缩机才会存在高压电；当车辆暖风开关打开时，PTC加热器才会存在高压电；当车辆挂挡行驶时，驱动电机才会存在高压电。

(3)充电期间存在

充电期间存在是指新能源汽车的充电系统部件仅在车辆充电期间存在高电压。此类高压电来自外部电网，以及车载充电器及其与动力电池之间的直流高压电缆。需要注意的是，某些车辆的车载充电器和动力电池设计有独立的空调冷却系统，在车辆充电期间，由于动力电池可能产生较多的热量，此时电动空调压缩机会开始运行并给动力电池降温，因此，虽然压缩机处于运行状态，在充电期间也会存在高压电。

对运行期间和充电期间存在高压电的部件，维修时若执行正确的高压断电，可在一定程度上确保高压系统部分不存在高压电，此时对这些高压部件的维修可适当减少，甚至可以不采取绝缘保护措施，即减少或不佩戴个人安全防护用具。

新能源汽车高压电存在形式及主要部件如图1-1-2所示。

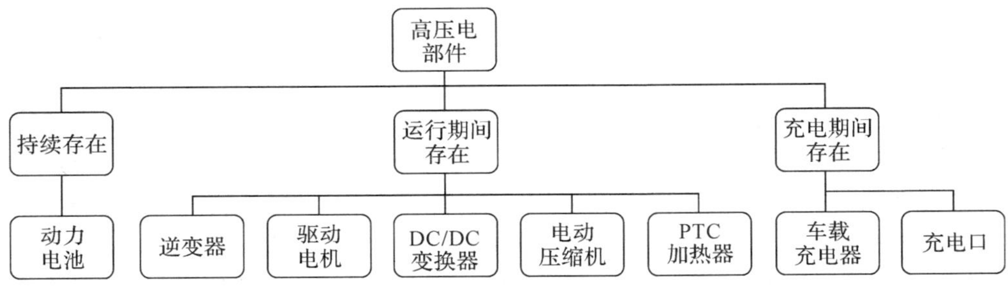

图1-1-2 新能源汽车高压电存在形式及主要部件

5. 插电式混合动力汽车中的高压电

插电式混合动力汽车是在原有的燃油(或燃气)发动机系统中,增加由高压动力电池、高压控制电路和驱动电机组成的电力驱动系统,通过 2 个动力系统相互配合,达到高效、节能驱动车辆的目的。除与纯电动汽车相同的高压电存在形式外,其发电机系统也属于高压系统。

6. 燃料电池汽车中的高压电

燃料电池汽车中的高压电主要来自燃料电池。燃料电池是将化学能转变为电能的发电装置,燃料电池反应堆栈将输入的氢气与氧气通过化学反应转换成电能,同时生成水。虽然单个燃料电池的电压较低,仅有 2 V 左右,但由多个燃料电池串联起来组成的燃料-电池堆栈,工作电压高达 300 V 以上。因此,燃料电池堆栈也属于高压部件。

除了燃料电池堆栈具有高压电外,燃料电池汽车还备有高压动力电池总成,用来储存燃料电池产生的电能,并在大功率输出电流时提供辅助电力。为了能够输出较大的功率,该动力电池电压远高于燃料电池堆栈输出的电压,达 650 V,燃料电池堆栈输出的电压通过 DC/DC 变换器升压后对动力电池进行充电。燃料电池堆栈及升压器如图 1-1-3 所示。

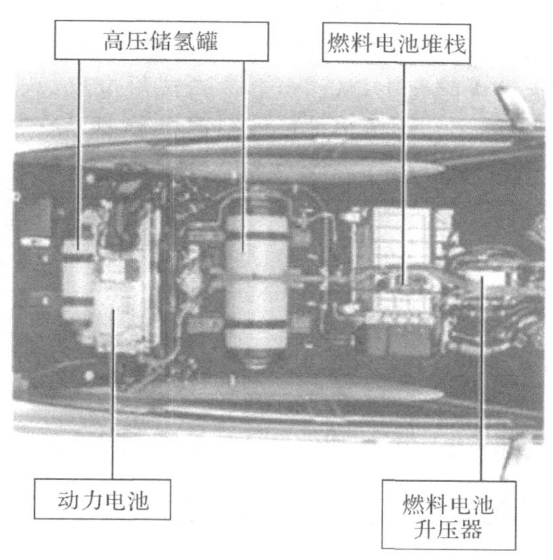

图 1-1-3 燃料电池堆栈及升压器

检修作业人员维护或检修燃料电池汽车时,必须重视安全防护,防止发生触电事故,同时还需要注意安全使用氢气。

二、高压电的危害

人体是导体,流过人体的电流超过人体承受的范围就会造成伤害甚至导致死亡,进行涉及新能源汽车高压部位的操作时,作业人员必须采取安全防护措施,以保证身体不受高压电的伤害。

1. 高压电对人体伤害的原理

人体内有大量的液体，血液、组织液、细胞内液都是良好的导体。人体接触带电部件时就有可能流过电流。电流以最短路径流过人体，在流过不同器官、组织时对人体的作用主要表现为生物效应，同时还产生热效应、化学效应和机械效应。

电流流过人体时，小电流会引起麻感、针刺感、压迫感，随着电流增大，对人体的影响逐渐加大，人体感到打击感、痉挛、疼痛、呼吸困难、血压异常，电流进一步增大会导致昏迷、心律不齐、窒息、心室颤动，或者直接导致心脏停止跳动而死亡。流过人体的电流影响或伤害人体器官、组织，流过数安的大电流可能导致人体组织严重烧伤、烧焦。

电流流过心脏，直接作用于心肌导致心室颤动；电流流过中枢神经系统，引发中枢神经系统反射从而导致心室颤动；电流流过人体胸部会引起窒息，使机体缺氧从而导致心室颤动。心室颤动最终会导致心脏停止跳动，是小电流电击致命的最常见和最危险的原因。当发生心室颤动时，心脏每分钟颤动 1 000 次以上，颤动的幅值很小，而且没有规则。此时心脏不能正常收缩和舒张，甚至发生骤停，全身血液停止循环。流过人体的电流越大，对人的伤害越大，引发心室颤动所需时间越短，越致命。

人体是导体，干燥条件下人体电阻为 1 000～3 000 Ω。人体电阻与环境、实际操作有较大关系，穿湿的衣服、皮肤表面出汗、环境湿度大、皮肤破损、表面有导电粉尘、接触压力大、接触面积大等都会导致人体电阻变小，从而更容易造成触电事故。人体不同位置接触电路时电阻不同，产生的电流也不同。人体各部位电阻见表 1－1－3。

表 1－1－3　人体各部位电阻

电流路径	人体电阻(大约值)/Ω
手→手	1 000
单手→单脚(不同侧)	1 000
单手→单脚(同侧)	750
单手→双脚	500
单手→胸	450
双手→胸	230

人体电阻越小，流过身体的电流越大，伤害程度越严重；人体电阻越大，流过身体的电流越小，伤害程度越轻。电流流过人体会造成触电，过大的电流会伤害身体甚至导致死亡。工频电流大小与电流持续时间对人体造成的伤害见表 1－1－4。

表 1－1－4　工频电流对人体造成的伤害

流过人体电流	电流持续时间	对人体造成的伤害
≤0.5 mA	持续通电	没有感知
＞0.5～5 mA	持续通电	有感知，触电部位有麻感，可以摆脱带电体
＞5～30 mA	几分钟内	人体痉挛，不能摆脱带电体，呼吸困难，血压升高，到达忍受极限

续表

<table>
<tr><th>流过人体电流</th><th>电流持续时间</th><th>对人体造成的伤害</th></tr>
<tr><td>＞30～50 mA</td><td>几秒钟至几分钟</td><td>心脏跳动不规则，血压升高，强烈痉挛，引发心室颤动，人立即昏迷</td></tr>
<tr><td rowspan="2">＞50 mA～数百毫安</td><td>低于心脏搏动周期</td><td>受强烈刺激，但未发生心室颤动</td></tr>
<tr><td>高于心脏搏动周期</td><td>发生心室颤动，人立即昏迷，接触部位有电流流过的痕迹</td></tr>
<tr><td rowspan="2">超过数百毫安</td><td>低于心脏搏动周期</td><td>在心脏易损期触电时，发生心室颤动，人立即昏迷，接触部位留有电流流过的痕迹</td></tr>
<tr><td>高于心脏搏动周期</td><td>心脏停止跳动，人立即昏迷，有致命的电灼伤</td></tr>
</table>

(1)感知电流

使人体有感觉的最小电流称为感知电流。人体流过感知电流时会有轻微的麻感，成年人的直流感知电流约为 0.5 mA，成年男性的工频交流感知电流约为 1.1 mA，成年女性的工频交流感知电流略小，约为 0.7 mA。感知电流一般不会造成人体伤害，但是接触时间长也容易导致接触面的电解而增大电流，或因电流的麻感增加导致人体反应变大，造成错误动作，从而产生事故。

(2)摆脱电流

人体触电后能够自行摆脱带电体的最大电流称为摆脱电流。人体流过的电流在摆脱电流范围内时，人能感受较强的触电麻感，但能迅速摆脱触电状态。成年人的直流摆脱电流约为 50 mA 以下，成年男性的工频交流摆脱电流约为 16 mA 以下，成年女性的工频交流摆脱电流仅为 10 mA 以下，儿童的摆脱电流远远小于成年人。

人个体不同，电阻不同，触电的状况不同，不同的人在不同的场景下摆脱电流是完全不同的。一般来说，在摆脱电流范围内人体能忍受，暂时也不会造成危险，但是电流通电时间过长也会造成心室颤动或者昏迷、窒息，甚至死亡。

(3)致命电流(室颤电流)

人体发生触电后马上危及生命的最小电流称为致命电流。在 1 000 V 以下的低压触电事故中，心室颤动是触电致命的最主要原因，通常致命电流又称为导致心室颤动的最小电流。一般状况下，当直流电流超过 100 mA、工频电流超过 50 mA 时，心脏就会停止跳动，出现致命危险。大量的实验研究证明，当流过人体的电流大于 30 mA 时，心脏有室颤的危险，所以往往把 30 mA 作为室颤的极限电流。

工频电流作用的危害强于直流电，新能源汽车除了驱动电机及驱动电机控制器部分采用交流电控制外，动力源部分采用的都是直流电，参照工频电流的安全防护执行可以得到安全保障。

除电流流过心脏造成的危害以外，电流流过中枢神经及相关部位，会引起中枢神经强烈失调而影响呼吸与心跳，导致人死亡；电流流过脑部，会严重损伤大脑，使人昏迷不醒或死亡；电流流过脊髓会使人瘫痪；电流流过局部肢体会引起中枢神经强烈反射，导致严重收缩而造成伤害。

2.触电对人体伤害的形式

人体触电后与带电体构成闭合回路，流过人体的电流对人体造成的伤害主要包括电击和电伤两种。

(1)电击

电击是电流通过人体引起的病理变化。电流流过人体内部，能直接导致内部组织、器官的损害，是最危险的触电伤害。产生电击后，电流从身体内部流过，触电者外伤不明显，多数情况下只留下几个放电后的疤痕，这是电击伤害的一个显著特征。

人体遭遇电击后，发生的病理变化主要是心室颤动、呼吸麻痹、呼吸中枢衰竭等。电流直接流过神经组织中枢或心脏时，立即引起中枢神经失调或心室颤动，造成人体呼吸困难或心搏骤停导致死亡。50 mA 的工频电流可使人体受到致命电击，神经系统受到强烈刺激，引起呼吸中枢衰竭，呼吸麻痹，心室颤动，导致昏迷或死亡。

电击持续时间越长，对人体造成的损伤越大。其主要原因如下：

1)电流持续时间越长，体内积累电荷越多，伤害越严重。

2)随着电击时间增加，人体与所接触带电体表面产生电解，加上人体汗液增多，人体电阻快速下降，流过身体的电流快速增加，电击危害加大。

3)电击持续时间越长，中枢神经反应越强烈，电击危险性越大。

4)心电图显示的心脏收缩与舒张之间约 0.2 s 的时间是心脏易损期(易激期)。电击持续时间长必然与心脏易损期重合，使电击的危害加剧。

(2)电伤

电伤是电流直接或间接造成的人体表面局部损伤。电击包括电能转化成热能造成的灼伤和电能转化成化学能或机械能造成的电烙印、皮肤金属化、机械损伤等。电伤往往会在人体表面留有明显的伤痕。

1)灼伤。灼伤是因电流的热效应引起的，也称为电烧伤。在人体与带电体的接触处，由于接触面积一般较小，电流密度可达很大数值，又因皮肤电阻较体内组织电阻大许多倍，故在接触处产生很大的热量，致使皮肤灼伤。最严重的灼伤是电弧作用在人体表面造成直接烧伤。常见的灼伤是由于电弧的热辐射使附近的人体烧伤，也包括飞溅的灼热熔化金属液体或热浪对人体造成的烧伤。

2)电烙印。电烙印是人体与带电部分接触良好时，在皮肤上形成一种圆形或椭圆形的斑痕，也称为电标志。电烙印并不是热效应引起的，而是化学效应和机械效应引起的。

3)皮肤金属化。皮肤金属化是被电流熔化的金属微粒渗入皮肤表层所引起的伤害，是电伤中最轻微的一种伤害。皮肤金属化后表面变得粗糙坚硬，有绷紧的感觉，一般不会造成严重的伤害。

4)机械损伤。机械损伤是指电流通过人体时产生的机械电动力效应，使肌肉发生不由自主的剧烈抽搐性收缩，致使肌腱、皮肤、血管及神经组织断裂，甚至使关节脱位或造成骨折。

3.触电的预防

对新能源汽车进行涉及高压电的使用、维护、检修等作业时，作业人员必须做好预防触电的措施。

(1)作业人员的防护要求

新能源汽车作业人员是触电的高危人员,必须具备预防触电的常识,经过国家安全生产管理部门组织的安全培训,考取低压电工作业特种作业操作证,持证上岗作业;熟知电工特种作业相关安全法规,掌握电力施工作业安全要求;必须经过汽车生产企业专业技术培训并通过考核,掌握新能源汽车构造、原理和诊断知识与技能,掌握新能源汽车售后服务知识与技能,掌握安全、文明生产和环境保护的相关知识和技能。

(2)工作场所防护要求

为了保证维修过程的安全,在检修新能源汽车时对维修检测工位(见图 1-1-4)有以下要求:

1)隔离。在工作场所竖起遮栏,拉上警戒线,挂上高压警告标志。

2)内部配备足够亮度的灯光,工作区域的光照强度不应低于 500 lx(勒克斯,光照强度单位)。

3)配备消防设备、设施,如干粉灭火器、消防栓和水枪。

4)配备预防触电的设备、设施,如为作业地面铺设绝缘垫、为工作电源做好绝缘和触电防护、配备安全接地线、安装触电保护器等。

5)为有触电危险的设备配备安全操作说明。

6)配备安全作业防护用具,如工作服、绝缘手套、绝缘鞋、护目镜、安全头盔、绝缘钩等。

7)配备安全绝缘工具,如绝缘扳手、绝缘套筒、绝缘尖嘴钳、绝缘旋具等。

8)配备急救器材(如除颤仪),保障作业人员的生命安全。

图 1-1-4　新能源汽车维修检测工位

(3)触电防护技术要求

造成人体触电主要有三个方面的因素:人体作为导体构成电路闭合回路的一部分,承受电路中的电流,相当于电路中的负载;在电路中,加载在人体导电两端的接触电压高,足以危及人体生命安全;在电路中,在流过人体的电流持续时间内,加载在人体上的电流强,足以危及人体生命安全。

触电防护主要通过改变、切断上述三个因素来实现,增加作业人员的绝缘电阻,降低作用于人体上的电压以及电流。在作业过程中采取的措施如下：

a. 佩戴绝缘手套、穿绝缘鞋、垫绝缘地垫等，增加绝缘性能。

b. 控制电路采用低于 36 V 的低压电路，减少人体直接接触高压电路的风险。

c. 在工作电路中增加保护电路，如在工频交流电路中采用漏电保护器；当检测到漏电大于 30 mA 时，立即切断电源。

d. 在新能源汽车中增加绝缘性能检测电路，在绝缘性能降低时切断高压电源。

e. 增加高压互锁电路，当高压电路暴露时，控制系统立即切断高压电源，以降低使用者或作业人员接触高压电的风险。

国际电工技术委员会(IEC)将人体触电分为直接触电和间接触电两类。有关触电的保护技术也相应包括直接接触触电防护和间接接触触电防护两个方面。

1)直接接触触电防护。防止直接接触触电是一切电气设备设计、制造、安装和使用所必须达到的最基本要求。新能源汽车直接接触触电防护主要有：

a. 新能源汽车中高压电路部分必须采取可靠措施，防止人体偶尔接触或过分接近带电导体，主要利用绝缘材料进行防护，如用陶瓷、橡胶、胶木、塑料、云母、树脂、油漆、纸、布、玻璃等绝缘材料把带电导体完全包封起来，既能保证高压设备正常工作，又能保证人体不直接接触带电导体。这种防护要求绝缘材料能在长期运行中经受电气、机械、化学等因素造成的腐蚀或损坏，保证其具有良好的绝缘性能。新能源汽车会在各种工况下工作，车辆使用条件恶劣，绝缘防护的要求相应较高。

b. 在新能源汽车运行前和运行中连续对高压部件进行绝缘性能监测，绝缘性能正常则车辆可以使用，如果监测到绝缘阻值下降，车辆进行报警，绝缘阻值下降较大，则立即切断高压电源并报警，防止车辆使用人员或作业人员触电。

c. 新能源汽车在检修或维护过程中，需要提醒周边的人不要进入维修场地，防止产生意外触电事故。

2)间接接触触电防护。间接接触触电防护的目的是防止在电气设备故障的情况下发生人身触电事故，同时预防电气设备故障的进一步扩大，防止引发更大、更严重的事故。新能源汽车中常见的防护措施是高压互锁，当高压部件暴露时，高压互锁切断高压电输出，防止产生高压部件断路故障，防止作业人员触电。

三、触电应急处理

1. 人体触电后急救基本知识

人体触电电流值远远超过人体能承受的范围，电流流过心脏，人体立即出现心颤甚至心跳停止，电流强烈刺激神经系统引起呼吸中枢衰竭。触电者往往出现心搏骤停、呼吸停止或者心跳呼吸均停止的状况。但此时部分触电者并非已经死亡，可能处于假死状态，是人体受到电流的刺激所致，身体器官并无严重的器质性病变。对于这样的触电者，如果马上采取正确、有效的急救，就有可能救活。

处于假死的触电者往往已经昏迷、失去知觉、面色苍白、心跳和呼吸停止。根据临床表现，触电者分为三种类型：

1)心跳停止，但有呼吸。

2)呼吸停止,但有心跳。

3)心跳、呼吸全停止。

对于无心跳、有呼吸或有心跳、无呼吸的情况,如果不及时抢救,或抢救方法不对,就会导致触电者出现心跳、呼吸全部停止的情况。

触电者出现心颤时可使用自动体外除颤仪(AED)对心脏除颤,在心颤产生的 3～5 min 内实施除颤,70%的患者可以恢复心跳。如果除颤后心脏停止跳动,应马上进行体外心脏按压术,以帮助患者恢复心跳。

心跳和呼吸是人体两大生命体征,心跳停止将导致血液循环的停止,呼吸停止将导致肺内的废气不能与外界的新鲜空气进行交换,人体各器官的组织细胞缺乏血液供给的营养和氧气而逐渐停止新陈代谢,慢慢死亡,生命因细胞的死亡而死亡。如果没有及时抢救,触电者很快就会从假死转变为真正的死亡。

心跳和呼吸都停止的最佳抢救方式就是采用心肺复苏术。心肺复苏术也称为人工呼吸和体外心脏按压术,是对心跳、呼吸停止的病人所采取的最有效的急救措施。在确认病人心跳、呼吸停止时,必须争分夺秒进行急救,尽最大的努力去挽救病人的生命。

医学资料证明:在心跳、呼吸骤停的 4 min 内进行心肺复苏抢救,有 50%左右的人可被救活;在 4～6 min 开始抢救,有 10%的人可被救活;超过 6 min 开始抢救,有 4%的人可被救活;在 10 min 以上开始抢救几乎无救活的可能。

2. 触电事故的处理与急救

发生触电事故后,应立即对触电人员展开现场急救,具体可以分为迅速摆脱电源、简单诊断和对症处理三部分。

(1)迅速摆脱电源

新能源汽车维护或检修需要 2 人配合,一人是操作员,另外一人是安全员,这是在作业中应对突发情况的一种保护措施。操作员进行高压电作业时,安全员做辅助工作和记录工作。单人操作可以防止 2 人作业中配合失误造成触电事故,当操作员发生意外触电时,安全员必须冷静应对,不能惊慌失措、束手无策,首先要马上切断触电电源,这是抢救成功的首要因素。当触电发生时,强大的电流持续不断流过触电者,触电时间越长,对人体的损害越严重。另外,切断电源也是抢救人员安全的重要保证,防止抢救人员接触带电的触电人员,造成抢救人员触电。因此,发现有人触电,需要立即切断电源或让触电者脱离带电体,触电者脱离电源后才能进行抢救。

让触电者脱离电源的方法主要有以下几种:

1)当发现触电时,立即采取关闭电源(点火)开关、拔下动力电池检修开关、拔下高压插头等方式切断电源。如果发生市电触电,可以采取拉开闸刀、拔下插头、关闭开关等方式来切断电源。

2)当带电的高压部件触及人体引发触电,对触电者无法采取其他方法脱离电源时,抢救人员可以用绝缘体(绝缘手套、竹竿、干燥的木棒等)将带电体断开,使触电者迅速脱离电源,如图 1-1-5 所示。

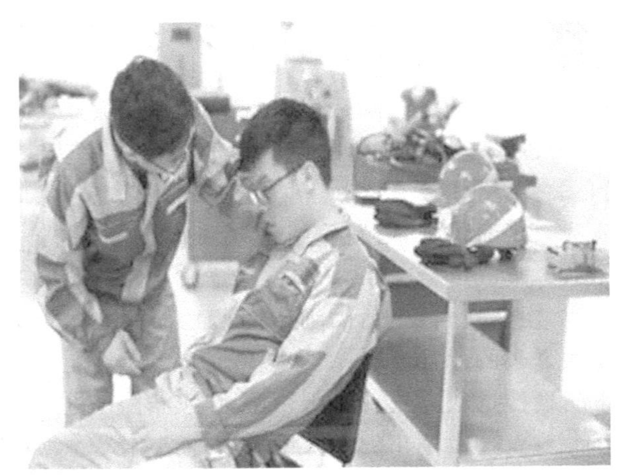

图 1-1-5　使触电者脱离电源

3)采用切断电源连接线的方式切断电源，例如用绝缘钢丝钳剪断电源导线、用带木柄的利斧砍断电源导线等。

因作业场地不同、作业内容不同，触电者触电状态各不相同，在作业现场要因地制宜，灵活运用各种方法，快速切断电源，使触电者脱离带电体。触电者脱离电源后，人体不再受到电流刺激，肌肉放松，可能会摔倒，造成新的外伤，如骨折、头颅受伤(人体后仰易导致颅底骨折)，因此在实际抢救时需要注意触电者的状况，在抢救触电者时需要采取配合措施，避免造成新的伤害，加重病情。另外，当切断电源或脱离带电体时，切莫慌张，不能顾此失彼，要认清作业环境，避免误伤他人，造成新的事故。

提示：当摆脱电源时，救护人员既要救人，也要注意保护自己。

(2)简单诊断

触电者摆脱电源后，往往处于昏迷状态，抢救人员必须尽快对伤者作出身体状况的判断，主要是对伤者的心跳和呼吸情况作出判断，判断其是否处于假死状态。如果伤者处于假死状态，心跳和呼吸停止，全身组织严重缺氧，情况非常危险，需要用简单、有效的方法快速判断伤者状况，马上进入抢救阶段。

具体的诊断方法如下：将伤者迅速移动至安全、明亮、安静、通风、干燥、平坦、结实的平地上，除去安全头盔、眼镜、耳塞等附件，让伤者仰卧在平地上，头部不能高于胸部。抢救人员蹲下或跪在伤者的侧面，以便观察伤者面部、胸部的状况，做出正确的处理，如图 1-1-6 所示。

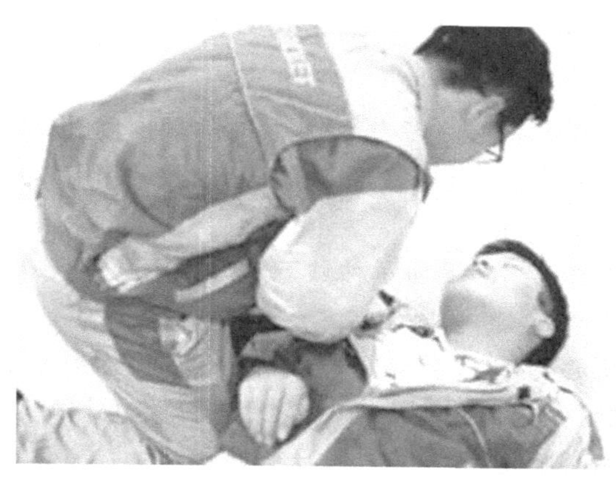

图 1－1－6　判断伤者状况

1)判断是否有意识。伤者如出现闭目不语、昏迷、神志不清的情况，应立即大声呼叫伤者姓名同时轻拍其身体(时间不超过 5 s)，从患者的身体动作、言语反应等判断伤者是否丧失意识。严禁摇晃伤者头部和身体。如果有反应，说明伤者有意识，状况较好；如果无任何反应，说明伤者已丧失意识。

2)判断是否有呼吸。抢救人员仔细观察伤者胸部和腹部是否随呼吸而起伏运动。将纸片或手放在伤者的鼻孔前，观察是否有呼吸的气流吹动纸片或手指有无感到气流。也可以用耳朵贴近伤者的口、鼻，细听是否有微弱的呼吸声。如果没有观察到呼吸的迹象，说明伤者呼吸已经停止。

3)判断是否有心跳。心脏跳动时肯定有脉搏，颈动脉是人体的大动脉，位置又浅，用手触摸可以感觉到它的搏动，所以常常把颈动脉的搏动作为判断是否有心跳的依据。非医务人员判断时，只要判断为意识丧失和呼吸停止即可认定心跳已停止。

(3)对症处理

判断伤者状况后，按以下方法分别处理：

1)伤者神志清醒，但有无力、头昏、心悸、出虚汗、恶心或呕吐等症状时，应让其就地安静休息，减轻心脏负担，恢复身体机能；如果伤者感到无力支撑，状况严重时，应立即送往医院就医。如接触高压电，伤者接触电源处会留有电灼伤口，同时因电流通过人体组织，伤口可能不止一处，需要检查找出全身伤口，有出血的应加压止血，对骨折的伤口，特别是开放性骨折的伤口，需注意不要强行回纳或者复位，取伤者不感到疼痛的功能位置给予固定即可，同时呼叫 120 将其送往医院就医。

2)伤者有呼吸也有心跳，但是处于昏迷、神志不清状态时，目击者应立即呼叫 120，使伤者仰卧在平地上，保持周围安静、空气通畅，注意为伤者身体保暖。送院途中还要严密观察伤者，做好心肺复苏的准备工作。如果出现心跳、呼吸停止状况，需要立即施以心肺复苏术进行急救。

3)伤者无呼吸无心跳时，除了呼叫 120 前来急救外，应立即对伤者进行心肺复苏，即胸外按压及人工呼吸。胸外按压的位置在人体双乳头连线的中点，大概在胸骨的中下 1/3 位置。检修工作中的触电伤者一般没有基础疾病，多为青壮年，及时抢救成功率较高，所以在把伤者放置到安全场所之后应立即持续抢救直至专业救护人员到达。

3. 自动体外除颤仪的使用

触电患者恶性心律失常初期心律多为室颤，及时除颤抢救成功率较高，自动体外除颤仪(见图 1-1-7)是专门设计用于实施电除颤的设备，该设备使用方法如下：

1)起动除颤仪。

2)将两个电极片按照图 1-1-8 所示粘贴于人体合适位置。

3)连接电极片与除颤仪。

4)除颤仪会自动分析心律，如需要除颤，会语音提示并开始充电，操作人员等待充电完毕，开始放电前应大声嘱咐其他人员离开病人，然后进行放电除颤。

5)操作完毕直接开始心肺复苏，从胸外按压开始。

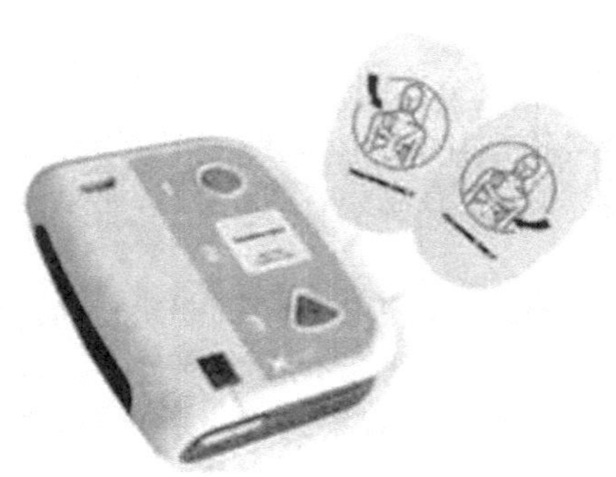

图 1-1-7　自动体外除颤仪

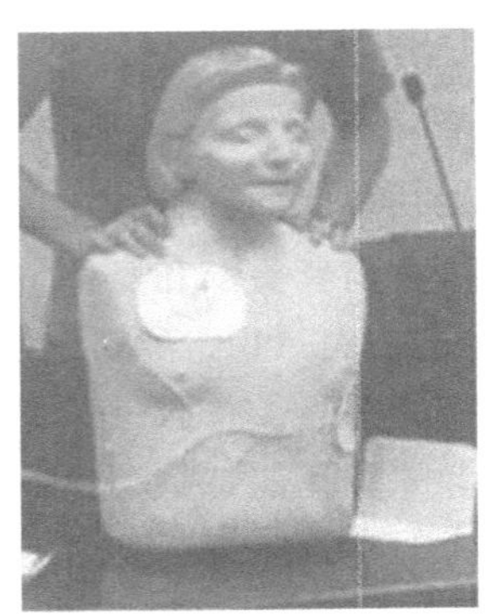

图 1-1-8　自动体外除颤仪的使用

4. 心肺复苏术

(1)人工呼吸

触电后受伤者如无自主呼吸，必须采取人工呼吸进行抢救，人工呼吸就是用抢救人员人工操作来代替原来伤者肺的自主呼吸，使空气有节律地进入和排出肺部，供给体内充足的氧气，充分排出二氧化碳，维持正常的通气功能。

人工呼吸方法主要分为口对口呼吸法和口对鼻呼吸法，目前认为口对口呼吸法效果最好，具体操作(见图 1-1-9 和图 1-1-10)如下：

1)准备。帮助伤者平躺仰卧，头略向后仰，解开衣领，松开紧身衣服，放松裤带，以免衣服影响人工呼吸时胸廓的自然扩张。然后将伤者的头偏向一侧，用手打开其嘴，用手指清除口中的假牙、血块、呕吐物及其他异物，使其呼吸道畅通。

2)摆正姿势。摆正伤者头部，抢救人员跪在伤者的一侧，一手放在其额头向下压，另一手抬其下巴，使下颌部与耳垂的连线与地面基本成 90°，将其头部充分后仰，使呼吸气道充分打开，解除舌下坠导致呼吸道梗阻的危险。

3)吹气。抢救人员深深吸一大口气，一手捏紧伤者的鼻子，用嘴紧贴伤者的嘴，尽可能用嘴完全地包住伤者的嘴巴，大口将气体吹入伤者的体内，同时眼睛要注视伤者的胸廓，稍有隆起即可。

4)吹气停止。吹气停止后，抢救人员头稍侧转，立即放开捏住伤者鼻子的手，使气体排出肺部，让伤者自主完成一次呼气过程，抢救人员倾听呼气的声音，观察有无呼吸道梗阻。

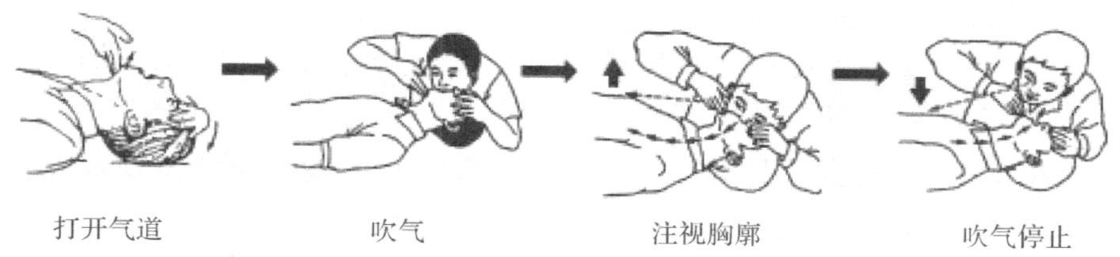

图 1-1-9　人工呼吸操作方法示意

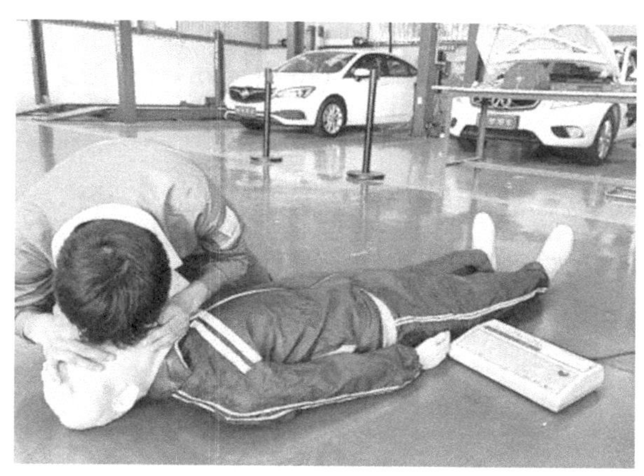

图 1-1-10　人工呼吸操作示范

提示：每次吹气时不应太快，一般持续 2 s 左右；在进行下一次人工呼吸之前，应先确保上一次吹入的气体已彻底呼出；每分钟吹气 10 次左右，约进行 5 个循环。

5)口对鼻人工呼吸。如遇到伤者牙关紧闭，嘴唇始终无法张开的情况，可以改用口对鼻人工呼吸，操作方法与口对口相同。抢救人员的嘴对准伤者的鼻孔吹气，吹气压力应稍大，时间也需稍长，以利于足够的空气进入体内。

人工呼吸时要注意：

1)口对口吹气的压力要正确，刚开始时吹气力度略大，频率略快一些，经过 10～20 次后减少吹气压力，维持胸廓轻度扩张即可。

2)对幼儿吹气时，不能捏紧鼻孔，应让其自然漏气，防止吹气压力过高；抢救幼儿时吹气的力度仅用颊部力量即可。

3)人工呼吸时，吹气时间宜短，约占一次呼吸周期的 1/3，但是也不能过短，以免降低通气效果。

(2)胸外按压

触电后受伤者如无心跳，必须采取胸外按压进行抢救。胸外按压是指有节律地以手对心脏进行按压，用人工的方法代替心脏的自然收缩，从而达到维持血液循环的目的。此法简单易学，效果好，不需要设备，易于就地抢救和普及推广。

1)操作步骤(见图 1-1-11):

a. 让伤者仰卧在平地上,保证按压效果。

b. 抢救者跪在伤者胸部的一侧。

c. 抢救者以一手掌根部位按于伤者胸下 1/2 处,即中指指尖对准伤者颈部凹陷的下缘,沿胸一手掌,掌根即为“压区”。

d. 抢救人员的另一只手压在该手的手背上,手指向上方翘起,肘关节伸直,依靠体重和臂膀、肩部肌肉的力量,垂直用力向下按压,向脊柱方向压迫胸骨下段,使胸骨下段与其相连的肋骨下陷 14~15 cm,间接压迫心脏,使心脏内血液搏出,形成血液循环。

e. 按压后突然放松(注意掌根不能离开胸壁),依靠胸廓肌肉的弹性使胸部复位,此时,心脏舒张,大静脉内的血液回流到心脏。

f. 按照上述步骤,连续操作,频率不低于 100 次/min,每秒至少进行一次按压。

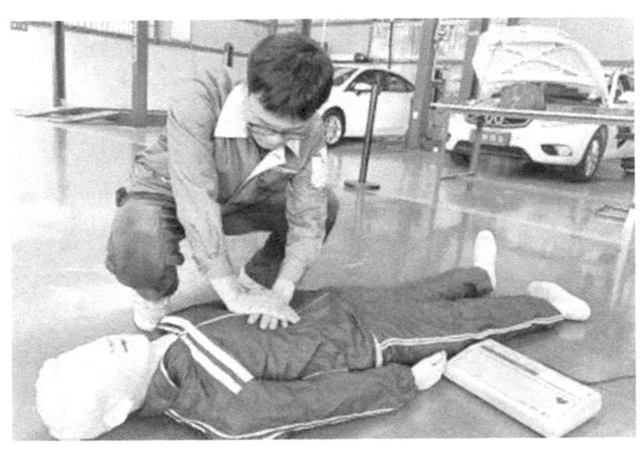

图 1-1-11　胸外按压操作示意

2)注意事项。体外人工心脏按压操作是抢救伤者生命的重要措施,在实施过程中一定要正确操作且达到效果,注意事项如下:

a. 按压时手掌根部的位置要正确,一定要在胸骨下 1/2 处的压区内,接触胸骨应只限于手掌根部,手掌不能平放,手指向上与肋骨保持一定距离。

b. 用力一定要垂直于伤者胸部,按压要有节奏,有一定的冲击性。为了提高心脏按压效果,应增加按压频率,最好每分钟按压 100~120 次。

c. 对幼儿只能用一个手掌,按压频率应稍快。

d. 由于老年人骨质较脆且胸廓缺少弹性,按压时容易发生肋骨骨折,按压心脏时应注意把握力度。

e. 按压时间与放松时间应大致相同。

在抢救初期,有经验的抢救人员也可以采用叩击心前区的方法促使心脏恢复跳动。一旦发现触电者心搏骤停,立即让伤者仰卧在平整、干燥、坚硬的地面上,不能在柔软、有弹性的床上进行心前叩击。具体操作如下:抢救人员除去过厚、过重的衣物或附属品,右手握拳,拳心向下,快速从 20~30 cm 的高度猛击伤者心前区胸骨下 1/3 处,连续叩击 2~3 次,若伤者颈动脉出现搏动，说明心脏复苏有效，若无效，应立即进行胸外按压。此方法不能用于婴幼儿。

3)同时进行胸外按压和人工呼吸。如果触电者心跳、呼吸全部停止，必须立即同时进行胸外按压和口对口人工呼吸。当抢救人员有 2 人时，一人做人工呼吸，另一人做胸外按压，每按压心脏 30 次，进行 2 次人工呼吸。抢救人员只有 1 人时，也必须同时进行胸外按压和口对口人工呼吸，先做人工呼吸，快速而连续地深吸气，向伤者肺内吹 2 次，再按压心脏 30 次，反复进行这 2 项操作，不能停止。每间隔 5 min 检查 1 次心肺复苏效果，每次检查不超过 5 s。为了达到抢救效果，无论是人工呼吸还是胸外按压都会极大消耗抢救人员的体力，在抢救现场，抢救人员轮流上场抢救能取得更好的效果。

采用心肺复苏术抢救伤者往往时间很长，抢救过程不能中断，抢救人员一定要坚持不怕疲劳和连续作战的精神，持续施救。触电者在持续的心肺复苏术帮助下，若面色转红，口唇潮红，瞳孔缩小，四肢慢慢活动，渐渐恢复心跳和呼吸，可以暂停数秒进行观察。如果心跳、呼吸不能自主维持，必须继续抢救，决不能贸然放弃，抢救人员不能因为疲劳就停止抢救，应坚持到专业救护人员到现场接替抢救。

终止心肺复苏术是一项医学决定，只能由医务人员对伤者的脑功能和心血管状况进行正确评估后才能作出判断，其他任何人都不能作出终止心肺复苏术的决定。

5. 外伤急救

人体遭受电击时往往毫无防备，不仅电流进入身体、流出身体的部位有电灼伤、烧伤的伤口，而且容易引起失衡摔倒等二次事故。身体接触两电极间的温度高达 1 000 ℃以上，与电极连接的部位会出现严重烧伤，损伤往往深达肌肉、骨骼，处理较为复杂。在抢救现场，抢救人员要用干净的布、纸进行简单包扎，减少污染，以利于接下来的治疗。

人体摔倒时往往会导致脑震荡、颅底骨折、四肢和躯体骨折等外伤，在保证生命体征的紧急抢救后，应送医院就诊治疗。

【思考与练习】

1. 新能源汽车中哪些部件属于高压部件？
2. 简述造成人体触电的主要因素。
3. 简述人体触电后急救的基本方法。
4. 如何进行口对口人工呼吸？

【任务训练】

实训内容	触电急救操作	日期		班级	
学生姓名		学号		成绩	

1. 训练目标

1)能描述人体触电后急救的基本知识。

2)能正确处理触电事故。

3)能完成心肺复苏急救。

2.训练内容

查阅相关资料并进行小组讨论,将表格填写完整。

(1)小组分工

操作员		记录员	
监护员		展示员	

(2)判断触电者的身体状况

项目	判断方法
判断是否有意识	
判断是否有呼吸	
判断是否有心跳	

(3)触电急救操作

1)除颤仪的使用。

项目	注意事项	操作要求
充电		
放电		

2)人工呼吸。

<table>
<tr><th></th><th>项目</th><th>注意事项</th><th>操作要求</th></tr>
<tr><td rowspan="4">口对口
人工呼吸</td><td>准备</td><td></td><td></td></tr>
<tr><td>摆正姿势</td><td></td><td></td></tr>
<tr><td>吹气</td><td></td><td></td></tr>
<tr><td>吹气停止</td><td></td><td></td></tr>
<tr><td colspan="2">口对鼻人工呼吸</td><td></td><td></td></tr>
</table>

3)胸外按压。

项目	注意事项	操作要求
准备		
选择按压区		
按压		
放松		

3. 训练评价

(1)小组互评

展示小组代表阐述本组任务实施过程，其余小组进行评价，并记录评价结果。

序号	评价标准	各组评价结果
1	任务目标制定合理恰当	
2	任务过程表述清晰明确	
3	任务结果符合实际情况	
4	任务计划切实有效执行	
5	任务体会感受情感真实	
综合评价		

(2)组内互评

组长：________　　组号：________

姓名							
分工							
评价							

注：评价采用5分制。

(3)自我反思和自我评价

根据在课堂中的实际表现，自行填写。

自我反思	
自我评价	

【训练测评】

按以下评分标准进行训练测评。

项目	评分标准	分值	得分
工作任务接收	正确接收并理解工作任务要求	10	
资料收集	熟知无心跳、无呼吸伤者的急救措施	10	
计划制订	按规范作业要求确定除颤仪除颤、人工呼吸、胸外按压三种急救措施的操作步骤，并明确小组成员分工	15	
计划实施	能熟练完成除颤仪除颤	15	
	能熟练完成人工呼吸	15	
	能熟练完成胸外按压	15	
质量检查	任务完成良好，操作过程规范	10	
评价反馈	能根据自身及队友表现进行客观评价	5	
	能在任务实施过程中发现自身及队友的问题	5	
合计		100	

任务二　新能源汽车绝缘工具与检测设备的使用

【学习目标】

1)了解汽车维修与维护的相关知识。

2)掌握新能源汽车维护的分类与周期。

3)熟悉新能源汽车常用维护工具与检测设备的使用。

4)熟练使用新能源防护用品及安全标识。

【情景导入】

李同学在某新能源汽车4S店实习，师傅接到一项对一辆新能源汽车进行一级维护的工作，让李同学将工具车推过来，李同学看见工具车里有许多他不认识的新工具。假设你是李同学的师傅，为李同学逐个介绍新能源汽车相关的维护与保养工具及检测设备。

【学习过程】

一、汽车维修与维护的基本概念

汽车维修是汽车维护和汽车修理的总称，就是通过技术手段对出现故障的汽车进行排查，找出故障原因，同时采取一定措施排除故障并将汽车恢复到一定的使用性能和安全标准的过程。

汽车维护是指定期对汽车各部分进行以清洁、检查、紧固、润滑、调整和补给六大作业为中心的作业内容。其目的在于保持车容整洁和消除故障隐患，防止车辆早期损坏。目前，汽车维护作业一般占维修企业70%的工作量。新能源汽车的维护与传统能源汽车略有不同，增加了动力电池系统、充电系统、直流电压变换器等总成和系统的维护。

二、新能源汽车维护的分类与周期

1.新能源汽车维护分类

新能源汽车在使用过程中，由于车辆技术状态及使用条件的不同，各个时期对车辆维护的作业内容也不相同。新能源汽车维护作业依据《汽车维护、检测、诊断技术规范》(GB/T 18344—2016)(简称《规范》)和上海市于2018年出台的《新能源汽车维护技术标准》(试行)(简称《标准》)，分为定期维护和非定期维护。定期维护分为日常维护、一级维护和二级维护，非定期维护分为按需维护(季节性维护)和免拆维护。

2.新能源汽车维护周期

汽车维护周期是指汽车根据车辆行驶里程或使用时间进行不同类别维护之间的间隔期。《规范》对汽车维护周期规定如下：

1)日常维护的周期为出车前、行车中和收车后。

2)汽车一、二级维护周期的确定，应该以汽车的行驶里程或时间为基本依据。汽车一、二级维护行驶里程依据车辆使用说明书的有关规定，同时依据汽车使用条件的不同，由省级交通行政主管部门规定。

3)对于不使用行驶里程统计的汽车，可用行驶时间间隔确定一、二级维护周期。其时间间隔可依据汽车使用强度和条件的不同，参照汽车一、二级维护里程周期确定。

根据上海市《标准》，对新能源汽车维护周期的规定见表1-2-1。

表1-2-1 新能源汽车维护周期

序号	维修类别	营运电动汽车	非营运电动汽车
1	日常维护	每个营运工作日	略
2	一级维护	5 000～10 000 km或1个月	5 000～10 000 km或6个月
3	二级保养	2 000～30 000 km或6个月	20 000～30 000 km或1年
4	诊断维修	更换高压系统总成部件(如控制模块、高压空调压缩机等)；维修仅限于蓄电池内独立部件更换(如高压蓄电池单元格)；高压系统部件外观损坏、变形严禁维修更换，应报备相应主机厂	

三、新能源汽车常用维护工具的使用

在新能源汽车维护作业中，由于存在高压电路，所以除使用传统汽车的维修工具及检测设备外，还必须使用专用的维修工具及检测设备。本书仅对新能源汽车维护作业中常用、专用维修工具及检测设备予以介绍，见表1-2-2。

表 1-2-2 新能源汽车常用维修工具及检测设备

序号	类型	工具设备名称	规格要求	单位	备注
1	拆装工具	绝缘拆装工具套装	高压电维修绝缘工具，耐压 1 000 V	套	
2	检测仪表	数字式万用表	符合 CATⅢ要求	个	如 FLUKE 系列万用表
3		数字电流钳	符合 CATⅢ要求	台	如 FLUKE321
4		高压绝缘测试仪	符合 CATⅢ要求	台	如 FLUKE1587
5		绝缘电阻表	1 000 V,0～1 000 MΩ	台	如 ZC25-4 型绝缘电阻表
6	诊断仪器	专用车型诊断仪	对应车型	套	如北汽 BDS,比亚迪 ED400、ED1000
7	防护用品	绝缘台	耐压不小于 10 kV	台	
8		绝缘手套	耐压不小于 10 kV	副	
9		绝缘靴	耐压不小于 10 kV	双	
10		安全帽	耐压不小于 10 kV	顶	
11		绝缘服	耐压不小于 10 kV	套	
12		护目面罩(护目镜)	耐压不小于 10 kV	副	
13		防护标识	各类型		若干

1. 绝缘的概念及绝缘工具的使用

绝缘是指用不导电的物质(绝缘材料)将带电体隔离或包裹起来，以对触电起保护作用的一种安全措施。良好的绝缘是保证设备和线路运行的必要条件，也是防止触电事故、漏电、短路的重要措施。绝缘材料除了上述作用外还起着散热冷却、机械支撑和固定、储能、灭弧、防潮、防霉以及保护导体等作用。

绝缘工具是采用绝缘材料并适用于电气系统拆装等操作的工具。新能源汽车高压零部件的拆装必须使用绝缘拆装工具。绝缘拆装工具必须装有耐压 1 000 V 以上的绝缘手柄。常用绝缘拆装工具如图 1-2-1 所示。

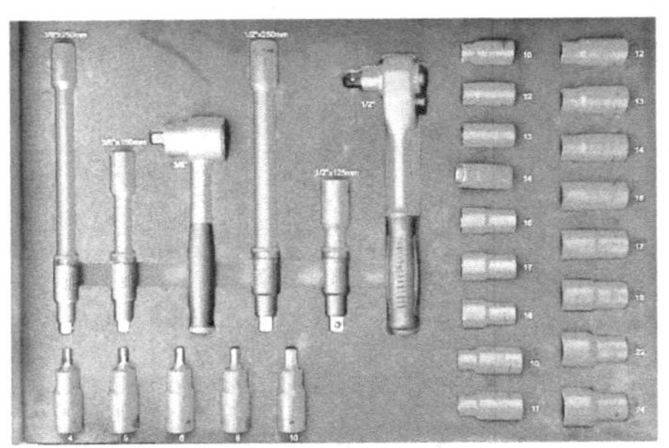

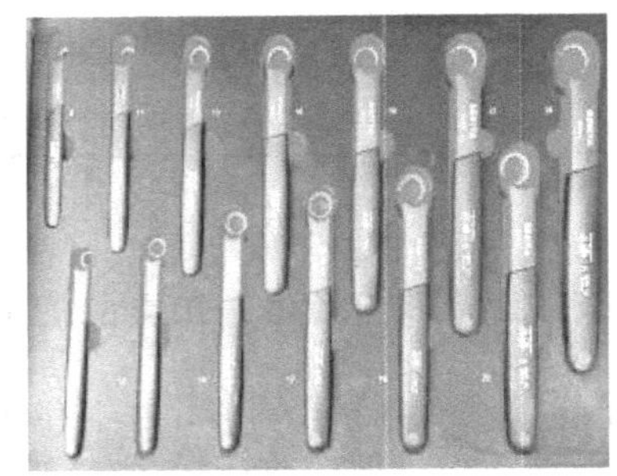

图 1-2-1 常用绝缘拆装工具

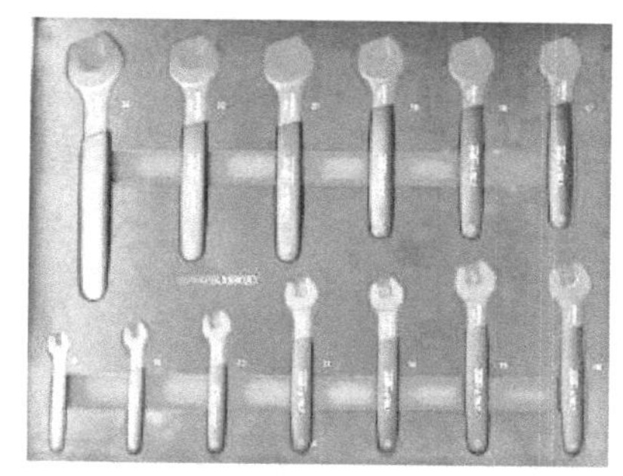

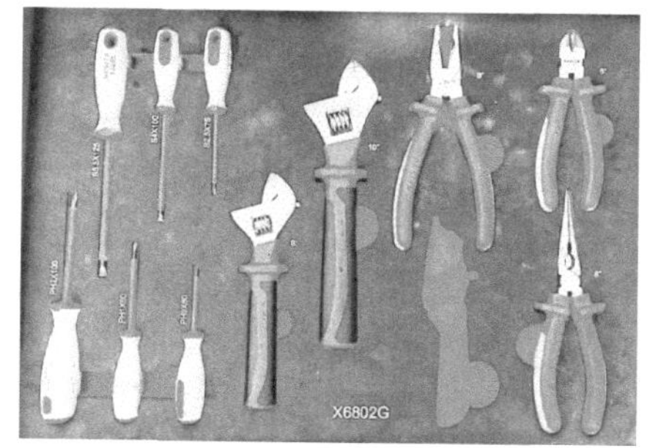

续图 1-2-1　常用绝缘拆装工具

2.检测仪表的使用

新能源汽车维修中使用的检测仪表主要有数字万用表、绝缘电阻表(手摇绝缘电阻表、高压绝缘测试仪)和钳形电流表等。

(1)数字万用表

数字万用表应符合 CATⅢ安全级别的要求,其使用方法与普通数字万用表相同,如图 1-2-2 所示。

(2)绝缘电阻测试仪器

新能源汽车的运行情况非常复杂,在运行过程中难免会出现部件间的相互碰撞、摩擦、挤压,导致高压电路与车辆底盘之间的绝缘性能下降。电源正负极引线将通过绝缘层和底盘构成漏电回路。当高压电路和底盘之间发生多点漏电时,还会导致漏电回路的热积累效应,可能造成车辆的电气火灾。因此,新能源汽车电气安全技术的核心内容是检测高压电气系统相对车辆底盘的电气绝缘性能。电气绝缘性能检测需要使用专用的绝缘测试仪器,测量高压电缆及零部件相对车身绝缘电阻是否在规定值范围内。

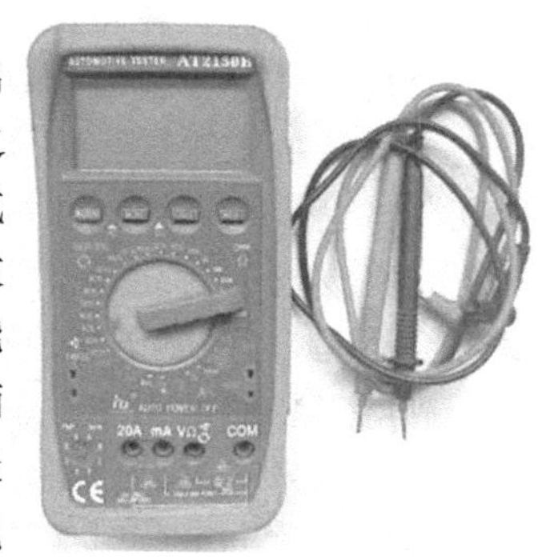

图 1-2-2　数字万用表

常用绝缘电阻测试仪器有数字式万用表(DMM)、绝缘电阻表、绝缘测试多用表或耐压测试仪。最常用的绝缘测试仪器就是绝缘电阻表,图 1-2-3 所示为绝缘电阻表。

选用绝缘电阻表时,应确保绝缘电阻表的电压等级高于被测物的绝缘电压等级。测量额定电压在 500 V 以下的设备或线路的绝缘电阻时,可选用 500 V 或 1 000 V 的绝缘电阻表;测量额定电压在 500 V 以上的设备或线路的绝缘电阻时,应选用 1 000～2 500 V 绝缘电阻表;测量绝缘子时,应选用 2500～5 000 V 绝缘电阻表。一般情况下,测量低压电气设备绝缘电阻时可选用 0～200 MΩ 量程的绝缘电阻表。

(3)钳形电流表

新能源汽车的维修与诊断经常需要测量导线中的电流,而驱动系统的导线(如逆变器与电动机之间)存在较大的交变电流,所以必须使用钳形电流表才能间接测量导线中的电流,图 1-2-4 所示为钳形电流表。

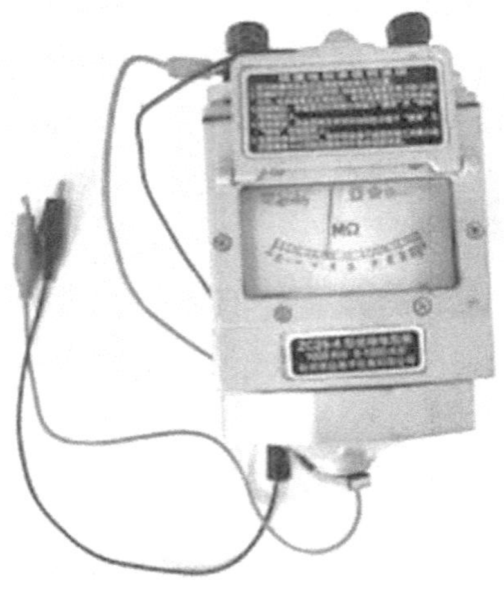

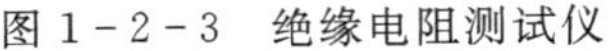
图 1-2-3　绝缘电阻测试仪

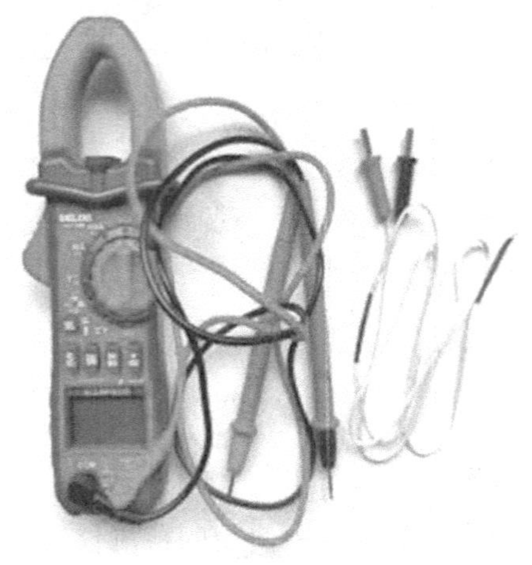

图 1-2-4　钳形电流表

3. 放电工装的使用

放电工装(见图 1-2-5)的使用方法如下：

1)检查放电工装外观，确认连接线及测试笔是否正常，应无损伤、破损及表笔折断现象。

2)检查放电工装的参数规格，确认放电电压是否合适。

3)进行功能测试。将放电工装红、黑测试笔分别对准低压辅助蓄电池正、负极接线柱，保证测试笔接触良好，此时指示灯应闪亮。

4)将放电工装红、黑测试笔分别对准负载的两个接线柱，若有电荷通过，则放电工装测试灯会亮起，直到测试灯熄灭，完成放电。

放电工装的使用注意事项如下：

1)放电完毕时，必须再次验电，保证放电有效。

2)使用放电工装时应注意轻拿轻放，有序操作。

3)严禁长时间对低压蓄电池进行放电操作，否则会造成低压蓄电池亏电现象。

图 1-2-5　放电工装

4. 诊断仪器的使用

汽车电控系统诊断仪器可诊断对应车型的故障，也称解码器或故障扫描仪。不同车型采用的诊断仪器也不相同，诊断仪器必须能与被检测车辆的控制模块通信，这样才能进行故障诊断。

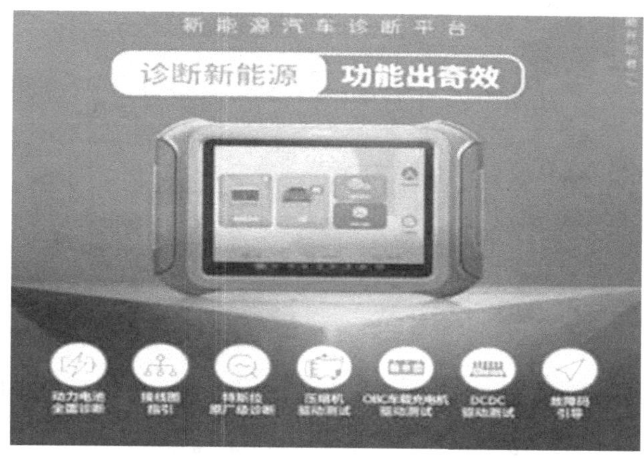

图 1-2-6　新能源汽车诊断仪

四、新能源汽车维修常用防护用品的使用

1. 绝缘手套

绝缘手套(见图 1-2-7)是用天然橡胶制成的，具有防电、防油、耐酸碱等功能。绝缘手套主要在操作高压电器设备时使用，如放电、验电时，或动力电池高压回路拆装高压部件时。绝缘手套最长使用时间不得超过 6 个月，以防橡胶老化。绝缘手套铭牌上标有最大使用电压，电压值越大，手套越厚，要根据测量实物的最大电压值选择绝缘手套。

  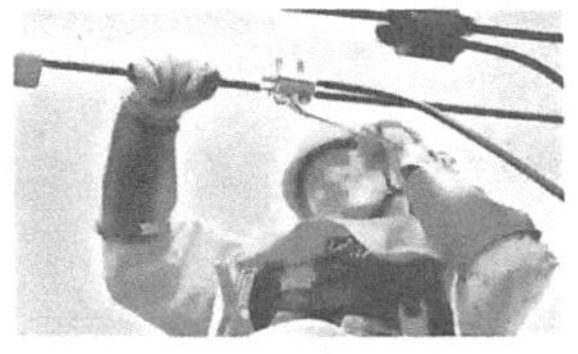

图 1-2-7　绝缘手套

绝缘手套的使用注意事项：

1)使用绝缘手套前必须进行充气，检验气密性，若发现有任何破损，则不能使用。

2)戴绝缘手套作业时，应将衣袖口放进手套筒内，以防发生意外。

3)在绝缘手套使用完后，应将内外擦洗干净，待干燥后，撒上滑石粉平整放置，不能放置于地上，以防受压、受损。

绝缘手套的检查与使用流程如图 1-2-8 所示。

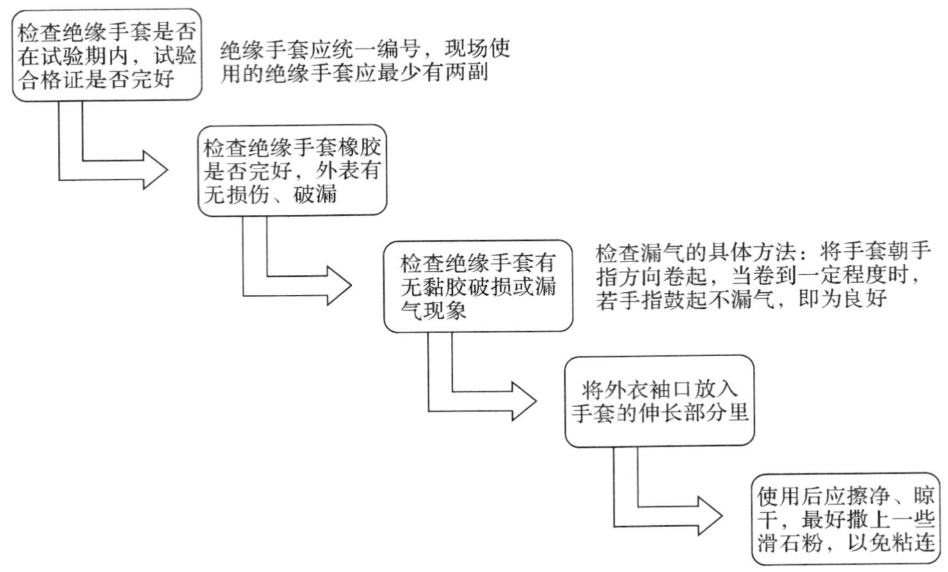

图 1-2-8　绝缘手套检查与使用流程

2. 安全帽

符合电绝缘性能要求的安全帽，在帽子上会有“D”的字母标记。按照新国标进行电绝缘性能试验，用交流 1 200 V 耐压试验 1 min，泄漏电流不应超过 1.2 mA。

安全帽（见图 1-2-9）产品按用途分为一般作业类（Y 类）安全帽和特殊作业类（T 类）安全帽两大类，维修新能源汽车时，应选用 T4（绝缘）类安全帽。

图 1-2-9　安全帽

安全帽的佩戴要符合标准，使用要符合规定，如果佩戴和使用不正确，那么就起不到充分的防护作用。一般应注意以下事项：

1）戴安全帽前应将帽后调整带按自己头型调整到合适的位置，然后将帽内弹性带系牢。缓冲衬垫的松紧由带子调节，人的头顶和帽体内顶部的空间垂直距离一般在 25～50 mm，以不小于 32 mm 为宜。这样才能保证遭受冲击时，帽体有足够的空间可供缓冲，也有利于头和帽体之间的通风。

2）不要把安全帽戴歪，也不要将帽檐戴在脑后方，以免降低安全帽对于冲击的防护作用。

3）安全帽的下颌带必须扣在颌下并系牢，松紧要适度。这样不至于被其他障碍物碰掉，或者由于头的前后摆动使安全帽脱落。

4)在安全帽体顶部，除了在帽体内部安装帽衬外，有的还开有小孔通风，但在使用时不得为了透气而随意再开孔，以免使帽体的强度降低。

5)由于安全帽在使用过程中会逐渐损坏，所以要定期检查是否出现龟裂、下凹、裂痕和磨损等情况，发现异常现象要立即更换，不得继续使用。任何受过重击、有裂痕的安全帽，无论有无损坏现象，均应报废。

6)严禁使用只有下颌带与帽壳连接而帽内无缓冲层的安全帽。

7)应注意在有效期内使用安全帽。

8)安全帽不能在有酸、碱或化学试剂污染的环境中存放，不能放置在高温、日晒或潮湿的场所中，以免其老化变质。

3. 绝缘鞋

绝缘鞋(见图 1-2-10)是高压操作时使人与大地绝缘的防护用具，一般在较潮湿的场所使用。穿绝缘鞋前需检查鞋面有无划痕、鞋底有无断裂、鞋面是否干燥。绝缘鞋应放在干燥、通风处，不能随意乱放，并且避免高温以及接触尖锐物和酸碱油类物质。

图 1-2-10　绝缘鞋

绝缘鞋检查流程如图 1-2-11 所示。

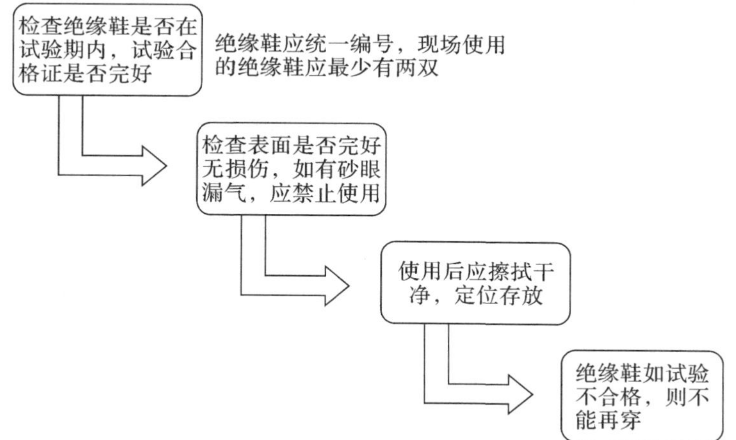

图 1-2-11　绝缘鞋使用与检查流程

4.护目镜

护目镜种类很多,有防尘、防冲击、防化学和防光辐射等多种,是一种能起到特殊防护作用的眼镜,根据使用场合的不同选择合适的眼镜。护目镜可防止新能源汽车维修作业中高压部件产生的电火花对眼睛的伤害,也可以防止电解液飞溅引起的损伤。根据侧翼防护设计的不同和防护范围的不同,护目镜有多种结构和形状可选,如图 1-2-12 所示,可根据个人喜好,选择适合自己脸型的规格。

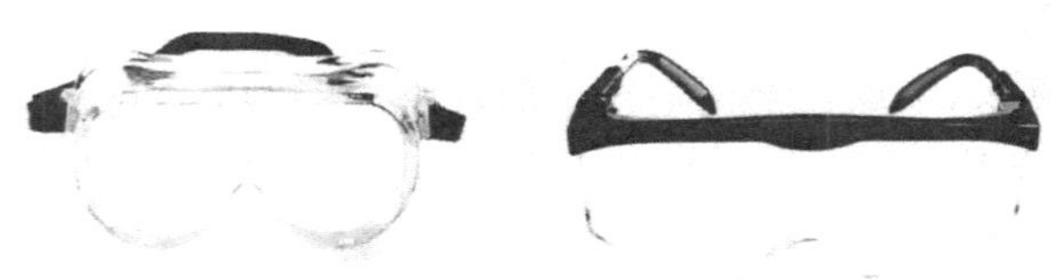

图 1-2-12 护目镜

护目镜的使用与保管流程如图 1-2-13 所示。其选择和佩戴注意事项:

1)要选用经产品检验机构检验合格的护目镜。

2)护目镜的宽窄和大小要适合使用者的脸型。

3)护目镜镜片磨损粗糙、镜架损坏会影响操作人员的视力,应及时调换。

4)防止重摔、重压护目镜,防止坚硬的物体摩擦镜片和面罩。

5)护目镜要专人专用,防止传染眼病。

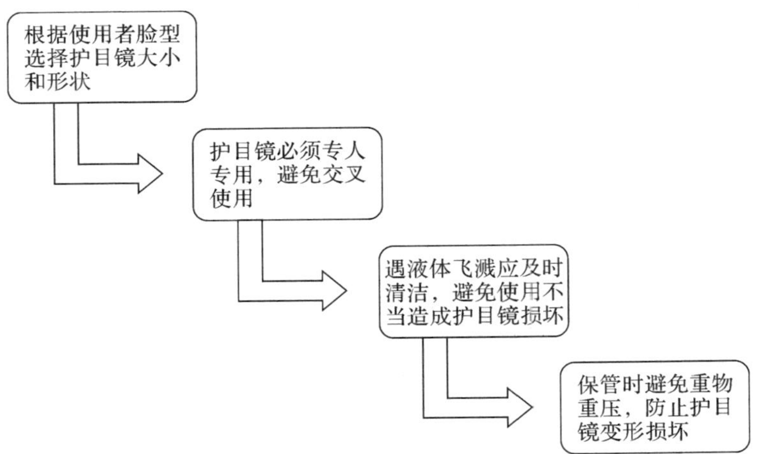

图 1-2-13 护目镜的使用与保管流程

5.绝缘服

绝缘服主要用于保护带电作业人员的身体,如图 1-2-14 所示。

图 1-2-14　绝缘服

6. 绝缘垫

绝缘垫(见图 1-2-15)又称绝缘地胶，是一种具有较大体积电阻率并耐电击穿的胶垫，绝缘垫用于新能源汽车维修工作场地的地面铺设，起到绝缘效果。在铺设时注意四周要用宽绝缘胶带粘牢，防止作业中因绝缘垫翘曲造成对维修作业人员不必要的磕绊，引发意外伤害。

绝缘垫主要采用胶类绝缘材料制作，包括天然橡胶(NR)、丁苯橡胶(SBR)和丁基橡胶(IIR)等绝缘性能优良的非极性橡胶。

图 1-2-15　绝缘垫

绝缘垫的选择和使用注意事项：

1)绝缘垫有不同电压等级，新能源汽车维修选用 5 kV 的即可。

2)使用前注意对绝缘垫进行检查，每平方米面积内不大于 1 cm^2 的气泡不能超过 5 个，任意两个气泡间距离不能小于 40 mm。

3)应对绝缘垫外观斑痕或凹凸不平的情况进行检查，缺陷深度或高度不得超过胶垫厚度公差。

4)应对绝缘垫杂质进行检查,胶垫厚度与杂质深度之差不得小于 40 mm。

5)绝缘垫不允许有裂纹。

6)绝缘垫如有边缘不齐或出现海绵状的情况,其宽度不得超过 10 mm,长度不得超过胶垫总长的 1/10。

7)绝缘垫应储存在干燥通风的环境中,远离热源,离开地面和墙壁 20 cm 以上,避免受酸、碱和油的污染,不要露天放置,避免阳光直射。

6. 标识牌

新能源汽车维修中常用标识牌如图 1-2-16 所示。

图 1-2-16 标识牌

【知识拓展】

比亚迪 e5 高压电控总成和动力驱动系统拆装注意事项

高压电控总成和动力驱动系统属于高压危险产品,在拆装过程中维修人员需要注意以下事项:

1)没有经过比亚迪公司授权的服务店人员不能私自拆卸高压电控总成和动力驱动系统的橘黄色线连接部分或者贴有高压标识的零部件。

2)在拆装过程中,凡拆卸高压电控总成及动力驱动系统的橘黄色线连接部分或者贴有高压标识的零部件,需由教师先示范操作,学生观看学习。教师需按照高压安全操作规程做好高压安全防护后方可操作。其他类型的拆装操作可由学生单独进行。

3)拆卸高压系统连接线前,应断开动力蓄电池负极及维修开关,且对动力蓄电池负极及维修开关插座进行绝缘覆盖保护。

4)对拆开的动力系统橘黄色连接线要进行绝缘保护,安装护套或贴好胶带。

5)在安装过程中,必须按照设计扭矩要求使用专业工具紧固螺钉。

6)安装完成后,必须在紧固件上打上扭力标志。

【任务准备】

准备好实训整车、安全防护用品及安全标识等。

【任务训练】

安全防护装置的使用:

1)绝缘手套的检查、使用与注意事项。

2)安全帽的检查、使用与注意事项。

3)绝缘鞋的检查、使用与注意事项。

4)护目镜的检查、使用与注意事项。

5)绝缘服的检查、使用与注意事项。

6)绝缘垫的检查、使用与注意事项。

7)标识牌的检查、使用与注意事项。

项目二

新能源汽车电器故障诊断与排除

任务一　新能源汽车灯光不亮故障的诊断与排除

【学习目标】

1)掌握新能源汽车灯光系统的工作原理。

2)掌握新能源汽车灯光系统总成的拆卸与安装。

3)掌握新能源汽车灯光信号系统故障诊断流程与注意事项。

4)培养正确使用汽车电气故障诊断常用工具的能力。

5)培养与本专业职业发展相适应的劳动素养、劳动技能。

6)培养良好的团队协作精神和较强的组织沟通能力。

7)培养良好的职业道德。

【情景导入】

一辆比亚迪 e5 轿车用户反映:左前组合灯(转向灯)不亮,其他转向灯正常。经过维修技师检测,初步认为是线路故障或灯泡故障,需要选择正确工具对故障进行检测并修复。

【学习过程】

一、新能源汽车灯光系统的结构及工作原理

汽车灯光系统的作用是照明、提醒、警示及提高行车的安全性,是汽车安全行驶的必备系统之一。车外照明灯具主要有前照灯、倒车灯、牌照灯、雾灯等,车内照明灯具主要有室内灯、门灯、各开关背光灯等。各种灯具装在各自所需照明的位置,并配以各自的控制开关、线路及熔断器等,组成照明系统。照明系统同时带有信号提示功能,产生光信号,向其他车辆的司机和行人发出警告,以引起注意,确保车辆行驶的安全,包括转向信号、制动信号、危险警告信号及示廓信号、倒车信号等。

比亚迪 e5 除了具有传统灯光照明功能外,还配有自动灯光及大灯延时退电功能,使灯光的使用更便利及人性化,其外部前部、中部灯光位置如图 2-1-1 和图 2-1-2 所示,车外和车内灯光系统工作原理如图 2-1-3 和图 2-1-4 所示。

1)自动灯光:将组合开关调到 AUTO 挡,车身控制模块 BCM 会根据光照强度传感器采集的外界光照强度进行判定,自动控制灯光的开启和关闭,并根据光强不同开启小灯或大灯。

2)大灯延时退电:当大灯打开,车辆电源从 ON 挡退电到 OFF 挡时,大灯不会立即熄灭,前舱配电盒自动计时让大灯再亮 10 s 后断开灯光继电器,熄灭大灯。

新能源汽车的灯光系统为常规低压电器系统,采用直流 12 V 电源。

短时间工作用电器包括前照灯、夜行灯、安全警告灯、雾灯等,随机使用工作用电器包括倒车灯、制动灯、转向灯、喇叭、防盗声光报警装置等。

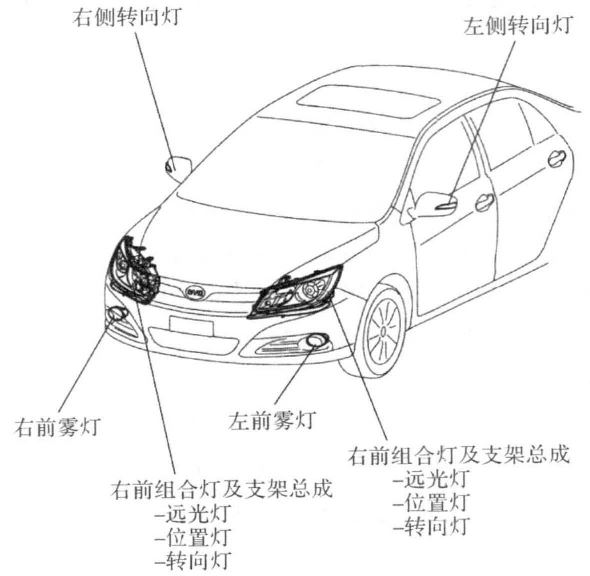

图 2-1-1　比亚迪 e5 外部前部灯光位置图

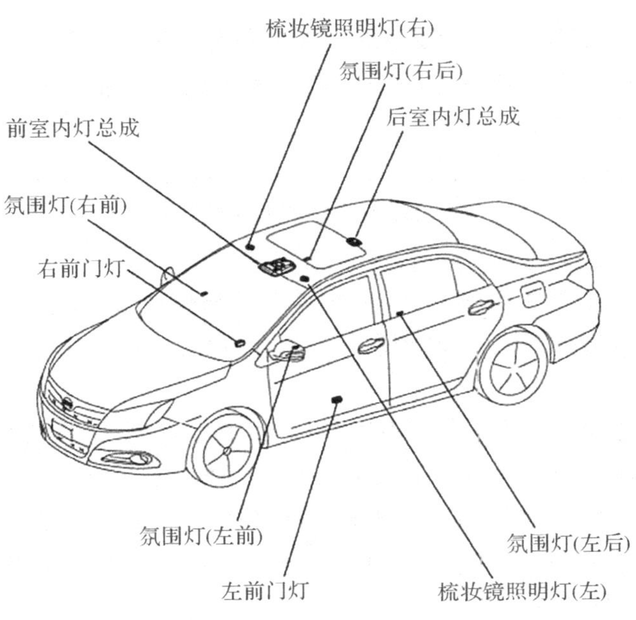

图 2-1-2　比亚迪 e5 外部中部灯光位置图

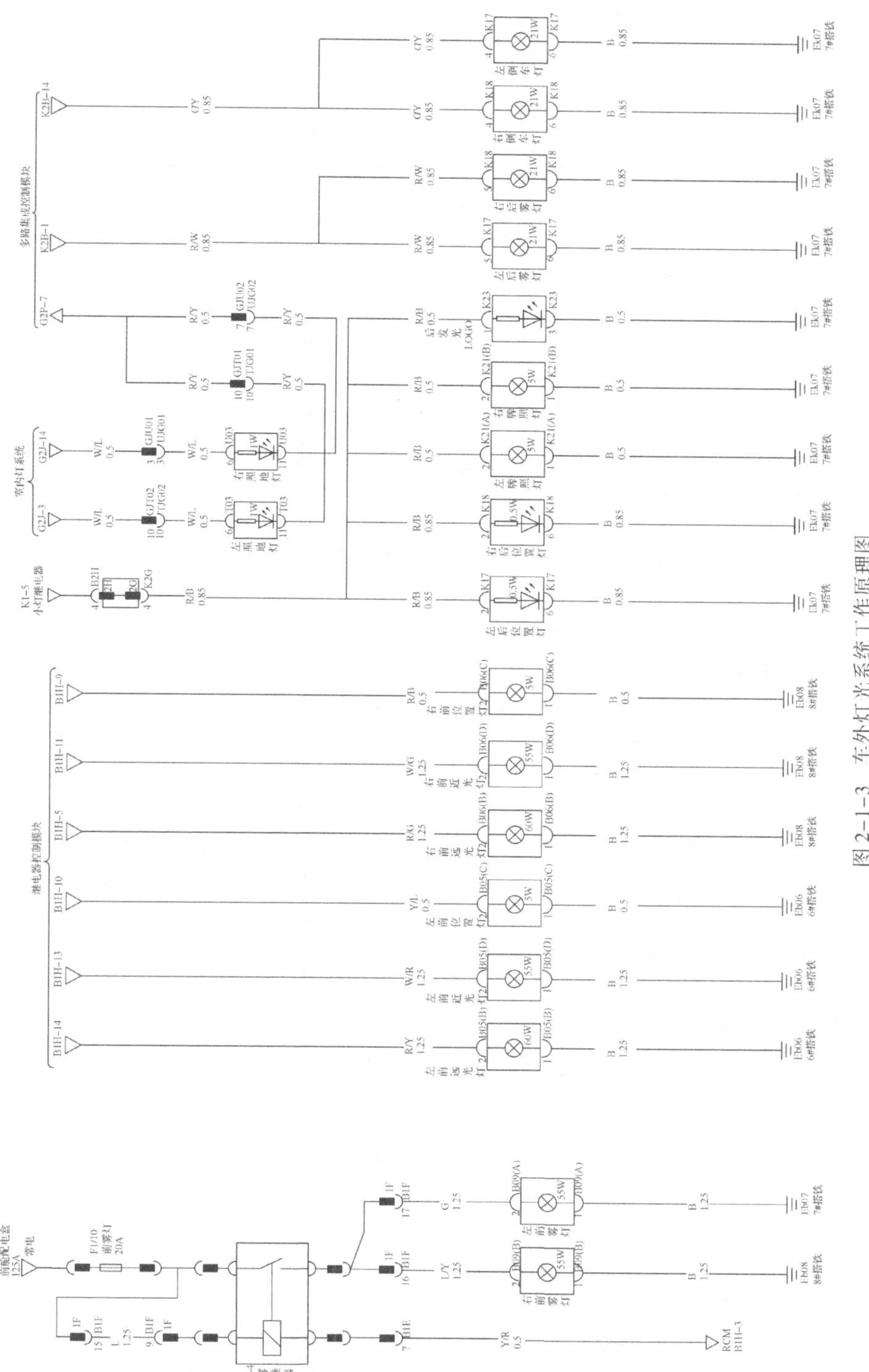

图 2-1-3　车外灯光系统工作原理图

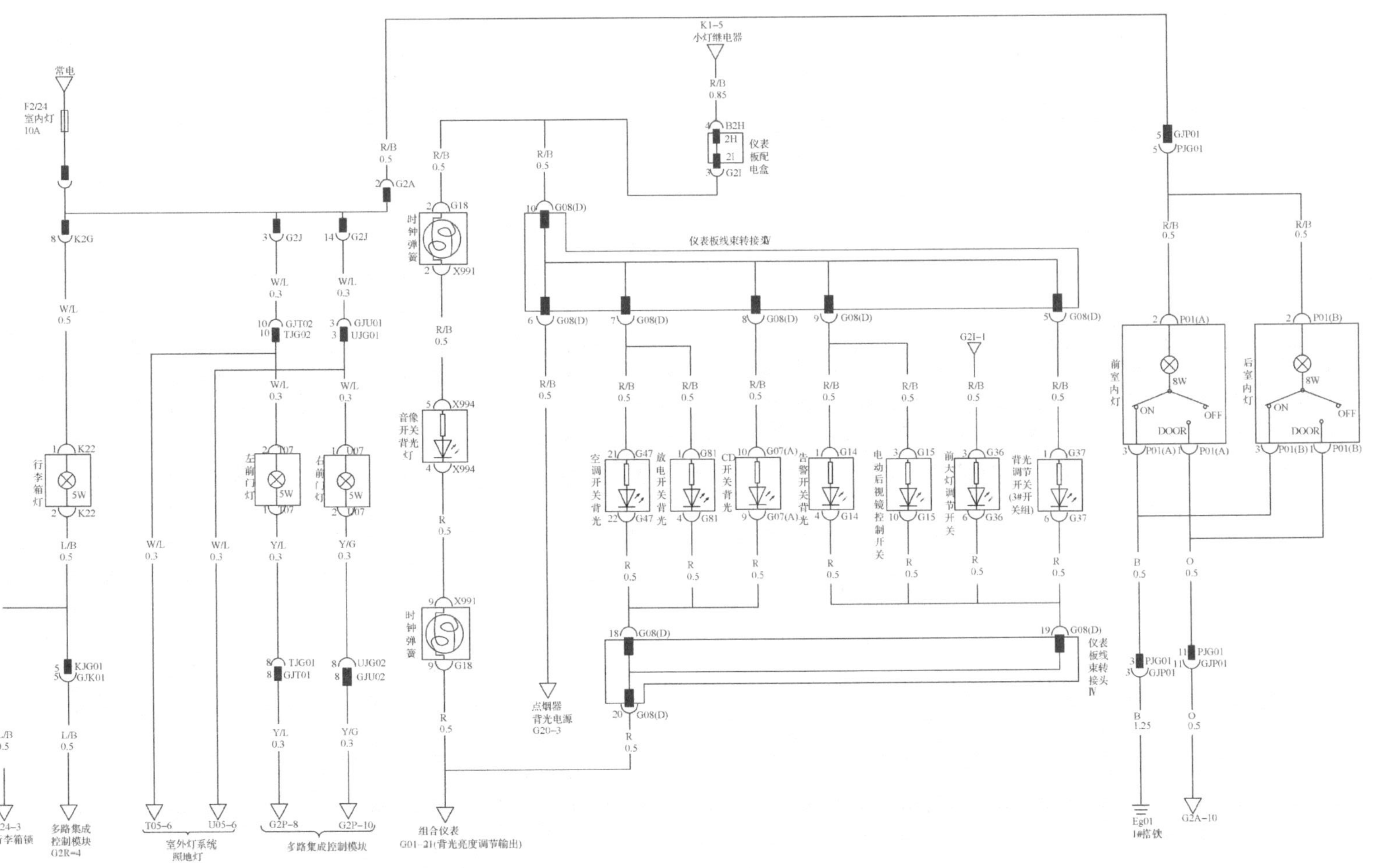

图 2-1-4　车内灯光系统工作原理图

二、新能源汽车灯光系统的结构与检测

1. 灯光系统

比亚迪 e5 车前、车尾灯分布如图 2-1-5 所示。

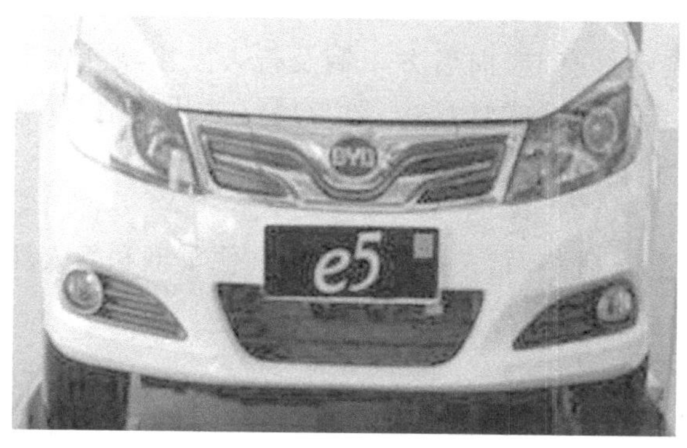

图 2-1-5　车前、车尾车灯分布

(1)前照灯

前照灯分为两灯制和四灯制，位于汽车前部左右两侧，夜间行车时用于道路照明，功率一般为 40～60 W。

通常在以下几种情况下必须打开近光灯：

1)在天黑没有路灯的地段开车，在傍晚天色较暗或黎明曙光初现时开车，都必须打开近光灯。

2)如果赶上大雾、下雨天气，视线受阻，那么即使在白天也必须打开近光灯；一些路段虽然有照明设备，但亮度不够，这时也应该打开近光灯。

在路上没有其他照明设备，而且对面没有车辆行驶的情况下，才能使用远光灯。否则会严重干扰对方视线，甚至造成交通事故。

碰到以下几种情况必须立即将远光灯换成近光灯：有对面来车；离前面同方向的车距离较近；路上已经有足够的照明度；过铁路交叉道口和回到交通繁忙的街道上的时候。

(2)雾灯

雾灯分为前雾灯和后雾灯。前雾灯安装在车辆前部的两侧下部，水平位置低于前照灯，灯罩内有 55 W 的雾灯灯泡，在雨雾天气行车时用于道路照明。后雾灯位于汽车后部，交通管理部门规定雾灯的颜色采用光波较长的黄色、橙色或红色。车辆在雨雾天气高速行驶时，应使后方车辆或行人能够看清前车位置，从而减少交通事故发生率。雾灯功率一般较大。雾灯是在雾天和视线不好的雨天等情况下使用。因其使用的灯泡标准与远光灯一样，在正常情况下打开会影响对向车辆司机的视线。

(3)牌照灯

牌照灯位于汽车尾部牌照的上方，夜间行车用于照亮牌照，让后部的车辆可以看清该车的车牌号。

(4)仪表板背光灯

仪表板背光灯用于仪表板照明,以便驾驶员获取行车信息进行正确操作,其数量根据仪表板设计。

(5)尾灯

尾灯位于汽车尾部,左右各一只,用于警示后面的车辆,颜色为红色。

(6)制动灯

制动灯位于汽车后面,踩下制动踏板时,制动灯亮起,向后方车辆及行人发出减速或制动的警示信号,颜色为较强的红光。制动灯多采用组合式灯具,一般与尾灯共用灯泡,同时在车辆行李舱上部设有高位制动灯。

(7)倒车灯

倒车灯位于汽车尾部,用于车辆倒车时照亮车后路面,并提醒车后的其他车辆和行人注意安全。倒车灯左右各一只,颜色为白色。

(8)转向灯

转向灯属于信号灯的一种,在车辆转向时开启,断续闪亮以告诉前后左右的车辆和行人该车辆的行驶路径。在现代的汽车中,转向灯和危险警告灯采用的是同一个灯光。左侧转向灯和右侧转向灯安装在左、右外后视镜上,灯罩内装有发光二极管来代替灯泡进行点亮。

(9)小灯

小灯也叫示宽灯,示宽就是指示车辆大致宽度。在外界光线不太亮的情况下,需要车辆将小灯打开以提醒其他车辆。在光线不太好的地下车库中,最好将示宽灯打开。示宽灯不具备照明作用。

前小灯(前位置灯)、近光灯、远光灯、前转向灯等组合起来,称为前组合灯。前雾灯、远光灯、近光灯及后雾灯均为卤素光源。将后小灯(后位置灯)、后雾灯、后转向灯、倒车灯、制动灯组合起来,称为后组合灯。其中后小灯和后制动灯为发光二极管,其他灯光为单丝灯泡。可根据驾驶员的操作点亮不同功能的灯泡进行警示作用。

高位制动灯装在驾驶室内后挡风玻璃下部,当驾驶员踩下制动踏板时,灯罩内的发光二极管会点亮。牌照灯装在后侧车牌的上部,是两个单丝灯泡。当小灯亮起时,牌照灯会跟着一起亮起。

2.灯光系统检查方法

(1)检测目标

1)检查车辆灯光外观。

2)检查灯光是否正常开启。

(2)检测步骤(以比亚迪 e5 车型为例)

1)检查车灯外观:

a.检查车辆前组合灯(见图 2-1-6)外观。①检查前照灯安装情况:用手扳动左前和右前前照灯,检查前照灯安装是否牢固。②检查前照灯损坏及污物情况:检查左前照灯灯罩和和反光镜有没有褪色,灯罩外观有没有因碰撞而损坏;检查左前照灯灯内是否有水雾或者污物进入。以同样的方法检查右前照灯。

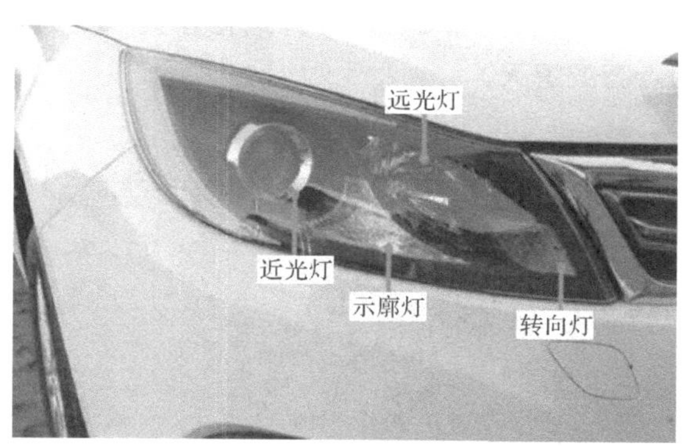

图 2-1-6 前组合灯

b.检查车辆后组合灯(见图 2-1-7)外观。①检查后尾灯安装情况:用手扳动左后和右后组合尾灯,检查左后尾灯安装是否牢固。②检查后尾灯损坏及污物情况:检查左后后尾灯罩和和反光镜有没有褪色,灯罩外观有没有因碰撞而损坏;检查左后尾灯灯内是否有水雾或者污物进入,以同样的方法检查右后组合尾灯。

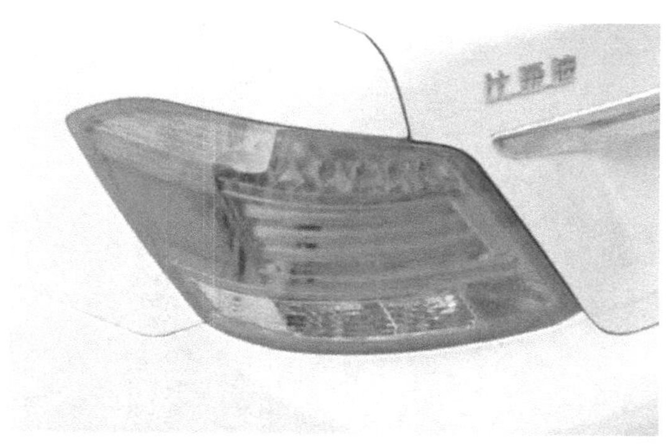

图 2-1-7 后组合灯

2)检查灯光。检查灯光系统需要两个人配合完成,一个在车内操作开关,一个在车外观察和做手势指引。

车辆前部灯光检查:

a.组合开关左手柄打到“○”挡(见图 2-1-8),所有灯光都关闭。

图 2-1-8 组合开关“○”挡

b. 组合开关打到“AUTO”挡(见图 2-1-9),组合开关根据光照强度传感器所感受到的光照强度情况而自动点亮或熄灭。

图 2-1-9　组合开关“AUTO”挡

c. 示宽灯:组合开关打到“”挡(见图 2-1-10),可点亮前位置灯、后位置灯、后牌照灯及室内小灯。

图 2-1-10　组合开关“”挡

d. 近光灯:组合开关打到“”挡(见图 2-1-11),近光灯开启。

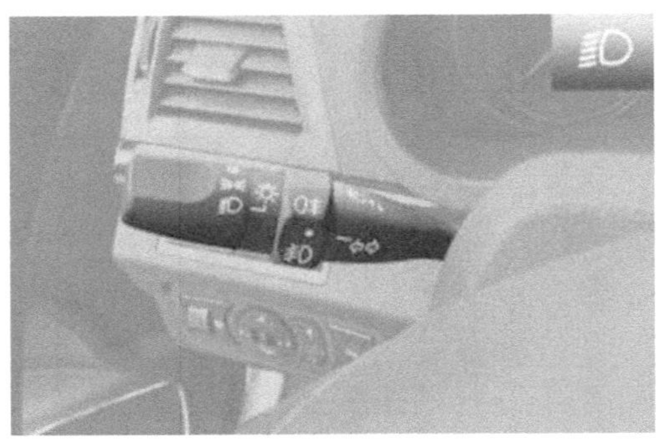

图 2-1-11　组合开关“”挡

e. 远光灯：组合开关打到“≣D”挡，组合开关左手柄向前推（见图 2－1－12），直至听到“咔哒”声。此时，远光灯及仪表远光指示灯将点亮。若要切换回近光灯，将组合开关左手柄拉回即可。

图 2－1－12　组合开关左手柄向前推示意图

f. 前左转向灯：组合开关左手柄下拉（见图 2－1－13），左转向灯及仪表转向指示灯同时开始闪烁。

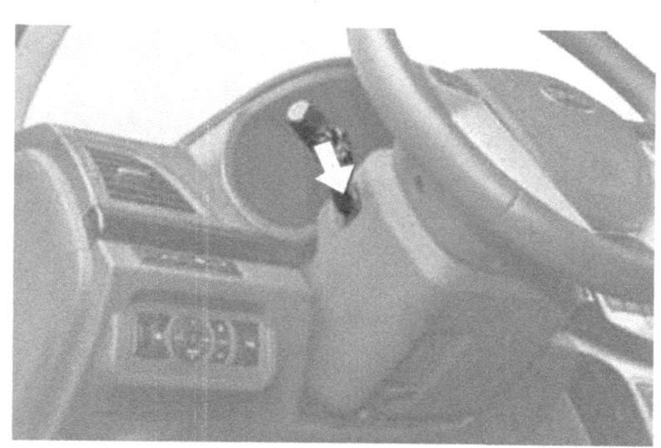

图 2－1－13　组合开关下拉示意图

g. 前右转向灯：组合开关左手柄上推（见图 2－1－14），右转向灯及仪表转向指示灯同时开始闪烁。

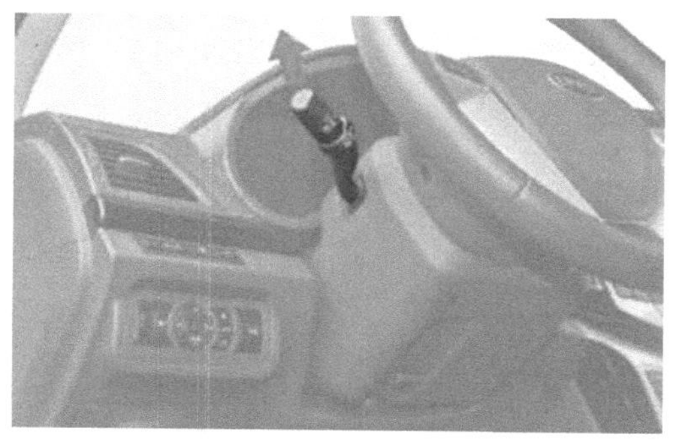

图 2－1－14　组合开关左手柄上推示意图

h. 前危险警告灯：按下车内仪表台中央位置的危险警告灯按钮（见图 2－1－15），开启危险警告灯。

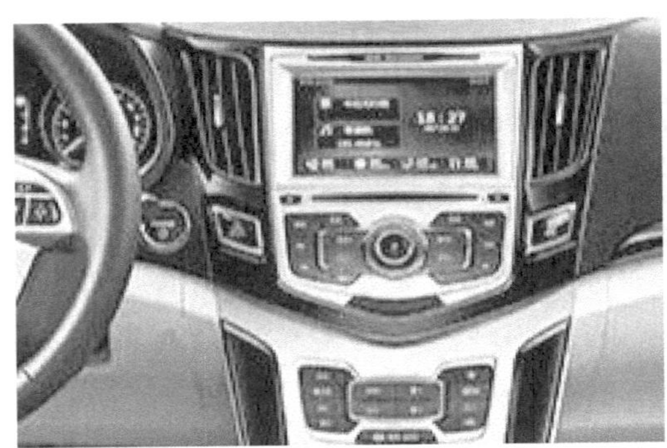

图 2－1－15　危险警告灯示意图

i. 前、后雾灯：组合开关打到“”或“”挡，并且雾灯旋钮打到“前雾灯”挡（见图 2－1－16），前雾灯开启。此时，仪表盘上的指示灯“”点亮，以示提醒；组合开关打到“”挡，并且打到“前雾灯”挡，再将雾灯旋钮打到“后雾灯”挡（见图 2－1－17），后雾灯开启。

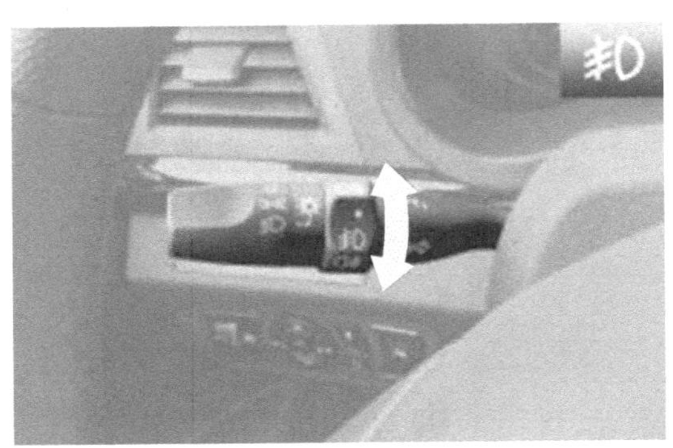

图 2－1－16　组合开关前雾灯示意图

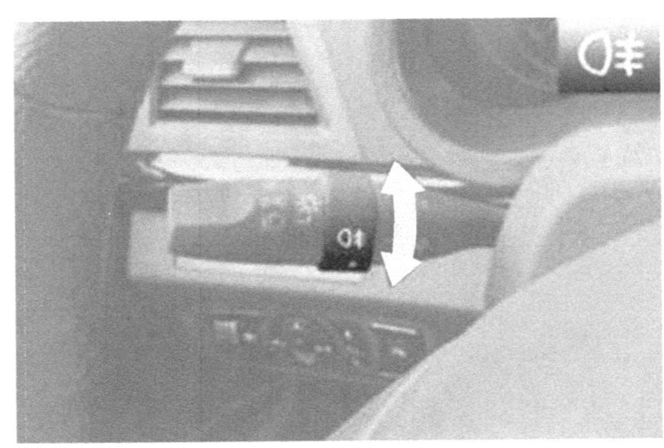

图 2－1－17　组合开关后雾灯示意图

j. 刹车灯：踩下刹车踏板(见图 2－1－18)，开启刹车灯。

图 2－1－18　踩下刹车踏板示意图

k. 倒车灯：换挡杆挂入倒档(见图 2－1－19)，开启倒车灯。

图 2－1－19　换挡示意图

三、新能源汽车灯光系统的故障及其排除

汽车转向灯是在机动车辆转向时开启以提示前后左右车辆及行人注意的重要指示灯。转向灯采用闪光器，实现灯光闪烁。转向灯是表示汽车动态信息的最主要装置，安装在车身前后，在汽车转弯时开启，它为行车安全提供了保障。

下面以比亚迪 e5 右转向灯检修为例说明灯光系统的故障及其排除。

1. 转向信号系统的操作

当启用转向信号灯时，转向信号灯闪烁，发出转向信号。转向信号灯仅在电源模式调至 ON 状态时工作。转向信号灯由转向柱左侧的灯开关控制。往上或往下拨动操纵杆(超过止动点)将开启前后和侧转向信号灯。在转弯结束后，操纵杆返回水平位置，转向信号灯停止闪亮。

当变道或转小弯时，由于转向盘转角不大，可能无法取消转向信号，因此仅将信号操纵杆转至一个止动位置并保持在此位置。当操纵杆松开后，操纵杆返回水平位置，转向信号即被取消。

转向信号灯的正确使用场景：

1)进入高速公路时开启左转向灯；

2)驶离高速公路时开启右转向灯(距出口 500 m)；

3)辅路驶入主干道时开启左转向灯；

4)主干道驶入辅路开启右转向灯；

5)进入环岛时不用打转向灯，驶离环岛时开启右转向灯；

6)停车入位前向车位一侧开启转向灯。

2. 转向灯故障及其电路

转向灯的故障及可能发生的部位见表 2-1-1。

表 2-1-1　转向灯的故障及可能发生的部位

故障描述	可能发生部位
打左右转向开关和按下紧急报警开关时转向灯都不工作	1. 转向/紧急告警灯保险 2. 闪光继电器 3. 转向灯/紧急告警灯电路 4. BCM
按紧急报警开关时不工作(转向时正常)	1. 紧急报警开关电路 2. BCM
打左右转向时，转向灯都不工作(危险报警工作正常)	1. 组合开关控制电路 2. BCM
一侧转向灯全不亮	1. 组合开关控制电路 2. 转向灯/紧急告警灯电路 3. 闪光继电器 4. BCM
只有一个或几个转向灯不亮	1. 灯泡 2. 线束

转向灯电路图如图 2-1-20 所示。

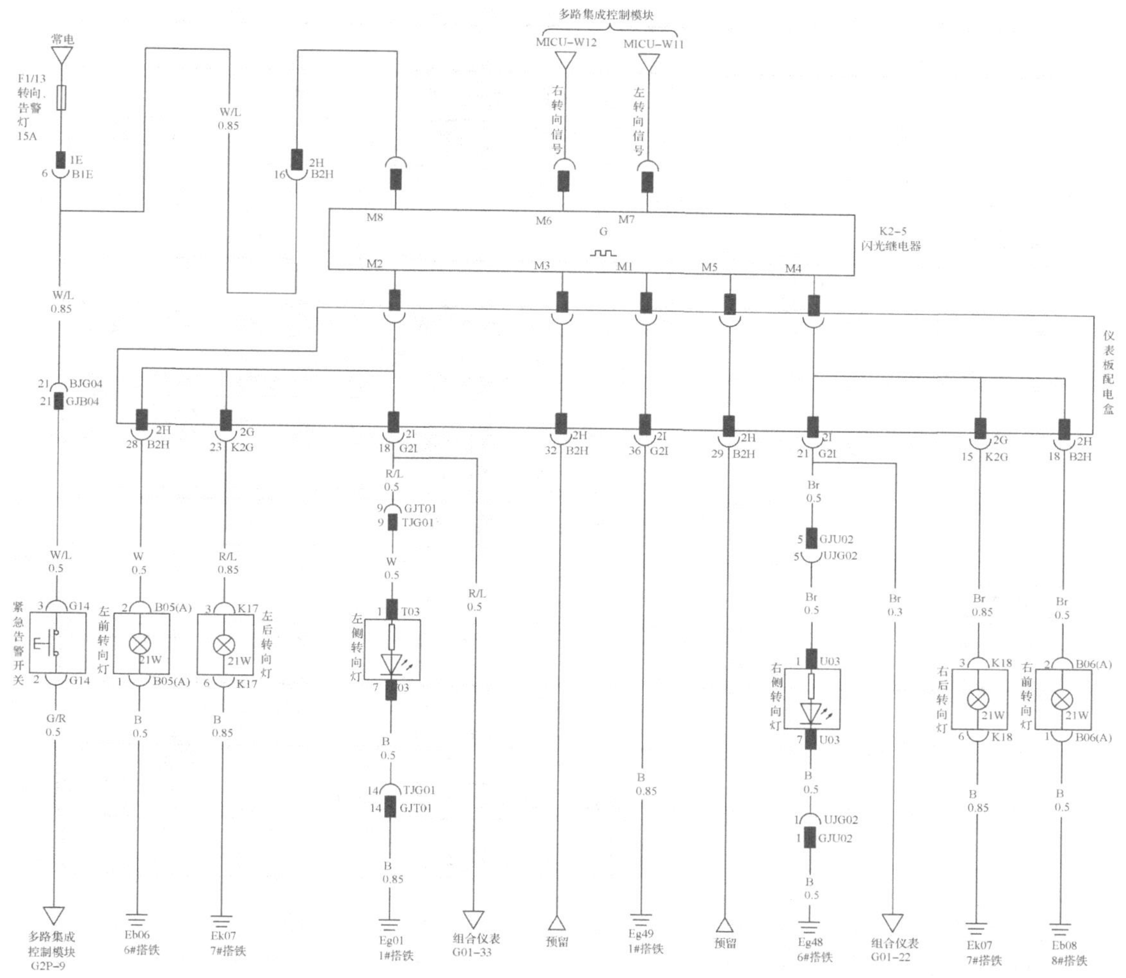

图 2-1-20 转向灯电路图

3. 故障检测与排除

转向灯的故障检测与排除如图 2-1-21 所示。

检查步骤

1	检查保险

用万用表检查仪表板配电盒F1/13保险通断。

异常 → 更换保险

图 2-1-21 转向灯故障检测与排除步骤

正常

2	检查闪光继电器

更换新的闪光继电器，检查功能是否正常。

正常 → 功能正常，结束

异常

3	检查转向灯灯泡

(a) 断开灯泡连接器[左前B05(A)，右前B06(A)，左后K17，右后K18，左侧T03，右侧U03]。
(b) 给灯泡两端加电压(以左前转向灯为例)，检查灯泡。

端子	正常情况
B05(A)-2-置电池(+) B05(A)-1-蓄电池(-)	灯泡点亮

异常 → 更换灯泡

正常

4	检查线束(前舱配电盒BCM)

(a) 断开前舱配电盒B1E，断开仪表板配电盒B2H。
(b) 检查端子电阻值。

端子	线色	正常情况
B1E-6-B2H-16	W/L	小于1 Ω

异常 → 更换线束

正常

5	检查线束(BCM–转向灯)

(a) 断开灯泡连接器[左前B05(A)，右前B06(A)，左后K17，右后K18，左侧T03，右侧U03]。
(b) 断开仪表配电盒连接器B2H，K2G，G2l。

左前转向灯

端子	线色	正常情况
B05(A)-2-B2H-28	W	小于1 Ω

右前转向灯

端子	线色	正常情况
B06(A)-2-B2H-18	Br	小于1 Ω

左侧转向灯

端子	线色	正常情况
T03-1-G21-18	R/L	小于1 Ω

续图 2-1-21　转向灯故障检测与排除步骤

右侧转向灯

端子	线色	正常情况
U03-1-G21-21	Br	小于1 Ω

左后转向灯

端子	线色	正常情况
K17-3-K2G-23	R/L	小于1 Ω

右后转向灯

端子	线色	正常情况
K18-3-K2G-15	Br	小于1 Ω

接地

端子	线色	正常情况
B05(A)-1-车身地	B	小于1 V
K17-6-车身地	B	小于1 V
T03-7-车身地	B	小于1 V
U03-7-车身地	B	小于1 V
K18-6-车身地	B	小于1 V
B06(A)-1-车身地	B	小于1 V

异常 → 更换线束

正常

6	更换BCM

W–白色；L–蓝色；Br–棕色；R–红色；B–黑色

续图 2-1-21　转向灯故障检测与排除步骤

任务二　新能源汽车电动车窗不升降故障的诊断与排除

【学习目标】

1)了解电动车窗系统的组成结构及工作原理。

2)结合电动车窗系统电路图和电动车窗系统零部件进行电器构建。

3)通过查阅维修手册、电路图等资料，小组合作制定电动车窗不升降故障的检修方案。

4)根据制定的检修方案，规范地拆卸车门衬板，正确检测车窗系统并判断故障点。

【情景导入】

王先生发现自己的比亚迪 e5 汽车在行驶过程中左前车门车窗不能升降，他将车辆开到4S 店维修，经维修技师初步检修后，确认需对电动车窗电机、车窗开关及控制电路进行检修。

【学习过程】

一、新能源汽车电动车窗结构及工作原理

1. 电动车窗结构

新能源汽车电动车窗结构如图 2－2－1 和图 2－2－2 所示。以左前玻璃为例，其升降器开关组如图 2－2－3 所示。

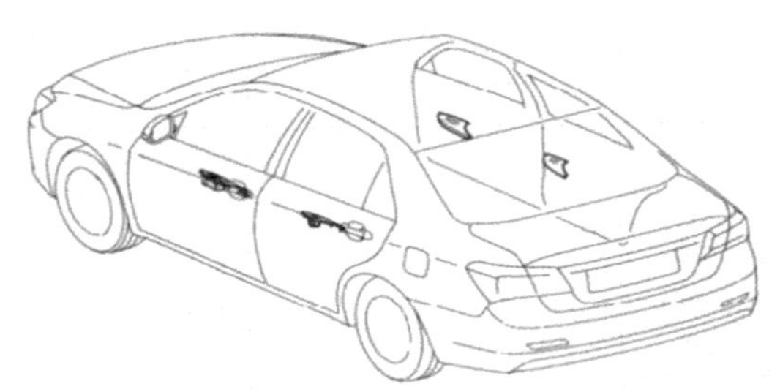

图 2－2－1　电动车窗结构 1

图 2－2－2　电动车窗结构 2

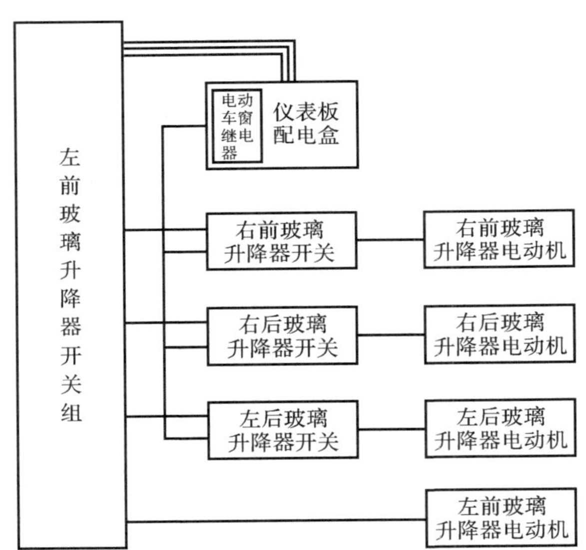

图 2－2－3　左前玻璃升降器开关组

2. 电动车窗工作原理

电动车窗系统是通过驾驶员或乘员操纵开关，接通门窗升降电动机的电路，使电动机产生动力并通过一系列的机械传动，使门窗玻璃按要求完成手动升/降、自动升/降、车窗锁止、防夹保护、延时操作、门锁联动关闭等功能。只有当启动按钮置于 ON，电动车窗系统才能工作。

二、新能源汽车电动车窗的拆卸与安装

1. 玻璃升降器拆装

玻璃升降器内部结构如图 2-2-4 所示。

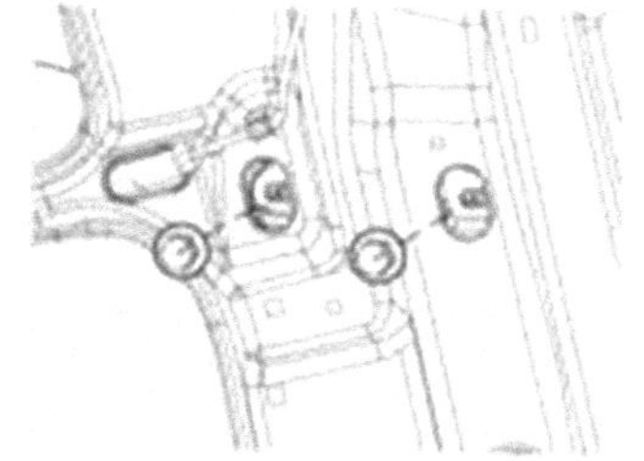
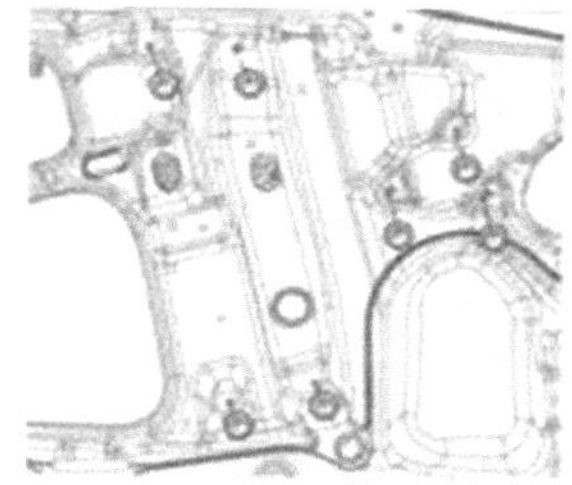

图 2-2-4　玻璃升降器内部结构

(1)拆卸步骤

1)断开蓄电池负极。

2)拆卸左前门玻璃升降器开关。

3)拆卸左前门内护板。

4)断开玻璃升降器连接器。

5)拆卸左前门玻璃:将左前门玻璃升降器开关接上,调节玻璃高度,从图示两个孔内可以看到玻璃安装点;用 10# 套筒拆卸两个固定螺栓;拆卸左前玻璃导轨;拆卸玻璃。

6)拆卸左前门玻璃升降器:用 10# 套筒拆卸 7 个固定螺栓,取出玻璃升降器总成。

(2)安装步骤

1)安装玻璃升降器总成:将玻璃升降器总成放入门板内,对准安装孔;安装 7 个固定螺栓。

2)安装玻璃:将玻璃放入门板内,准备玻璃安装孔;安装玻璃导轨;安装玻璃两个固定螺栓。

3)接好玻璃升降器连接器。

4)安装门内护板。

5)安装左前门玻璃升降器开关。

6)搭好蓄电池负极。

2. 左前窗控开关拆装

左前窗控开关内部结构如图 2-2-5 所示。

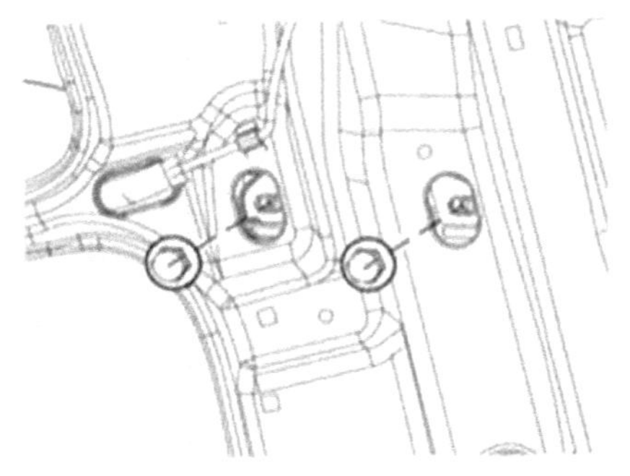 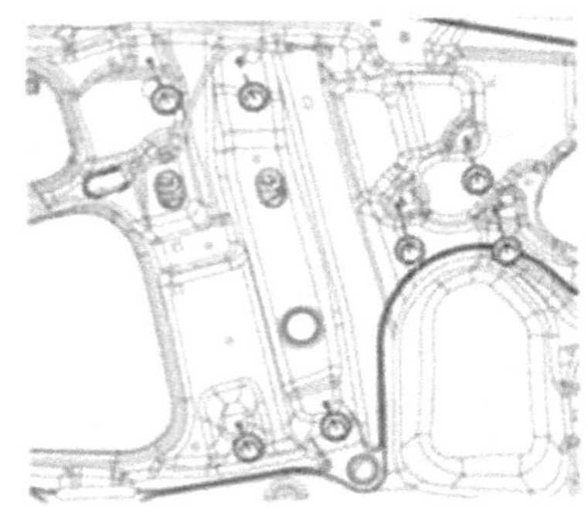

图 2-2-5　左前窗控开关内部结构

(1)拆卸步骤

1)断开蓄电池负极。

2)拆卸左前窗控开关:用一字螺丝刀从后端向上撬起,拆出左前窗控开关;断开连接器;取下窗控开关。

(2)安装步骤

1)安装左前窗控开关:接好接插件,将窗控开关对准安装点按下。

2)搭好蓄电池负极。

三、新能源汽车电动车窗的故障及其排除

汽车电动车窗的检修可以用"验、测、拆、检、修、装、调、试"来说明,通过验证车主的故障描述确认故障,按照从简单到复杂的原则选择设备测试故障,拆除元件及内饰,排除与故障无关的部位,检查故障点,维修或换件修理故障部位,安装调试系统,最终试车成功,排除相关故障隐患。

1.诊断流程

1)把车辆开入维修车间。

2)用户所述故障分析:向用户询问车辆状况和故障产生时的环境。

3)检查蓄电池电压:标准电压为 11～14 V,如果电压低于 11 V,在转至下一步前对蓄电池充电或更换蓄电池。

4)参考故障症状表:故障不在故障症状表(见表 2-2-2)中进行第 6)步,故障在故障症状表中转到第 5)步。

5)全面分析与诊断:全面功能检查,电子控制器(ECU)端子检查(见 ECU 终端检查),用诊断仪检查。

6)调整、维修或更换:调整、修理或更换线路或零部件。

7)确认测试:调整、修理、更换线路或零部件之后,确定故障不再存在,如果故障不再发生,模拟第一次发生故障时的条件和环境再测试一次。

表 2-2-2　故障症状表

故障描述	可能发生部位
整个窗控系统不工作	1. 左前玻璃升降器开关组配电路 2. 玻璃升降器电机电源电路
只有左前玻璃升降器可以动作，其他玻璃升降器均无法动作	1. 左前玻璃升降器开关组 2. 线束
左前车窗开关无法控制左前车窗升降	1. 保险 2. 左前车窗电机 3. 左前车窗开关 4. 线束
右前车窗开关无法控制右前车窗升降	1. 保险 2. 右前车窗电机 3. 右前车窗开关 4. 线束
左后车窗开关无法控制左后车窗升降	1. 保险 2. 左后车窗电机 3. 左后车窗开关 4. 线束
右后车窗开关无法控制右后车窗升降	1. 保险 2. 右后车窗电机 3. 右后车窗开关 4. 线束
左前车窗开关组无法控制右前车窗升降，但右前车窗开关可以控制右前车窗升降	1. 左前车窗开关 2. 线束
左前车窗开关组无法控制左后车窗升降，但左后门车窗开关可以控制左后车窗升降	1. 左前车窗开关 2. 线束
左前车窗开关组无法控制右后车窗升降，但右后门车窗开关可以控制右后车窗升降	1. 左前车窗开关 2. 线束
只有左前玻璃升降器可以动作，其他玻璃升降器均无法动作	1. 左前玻璃升降器开关组 2. 线束

2. 终端诊断

1）首先拔下左前车窗开关 T05 连接器（见图 2-2-6），然后测量线束端连接器各端子间电压或电阻。

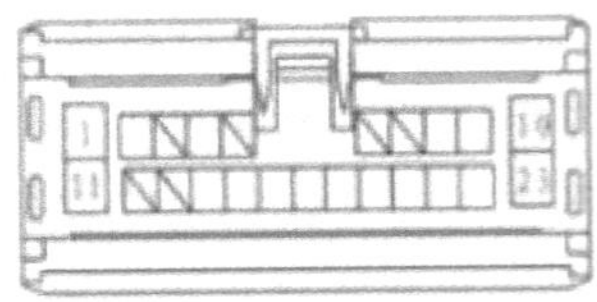

图 2-2-6　T05 连接器

拔下前车窗开关 T05 连接器正常状态见表 2-2-3。

表 2-2-3　拔下 T05 连接器正常状态

端子号	线色	端子描述	条件	正常值
T05—14 车身地	Y	ON 挡电	电源上到 ON 挡电	11～14 V
T05—19—车身地	W/R	常电	始终	11～14 V
T05—8—车身地	W/G	电动车窗继电器	始终	11～14 V
T05—9—车身地	B	地	始终	小于 1 V
T05—10—车身地	W/B	搭铁	始终	小于 1 V

注：Y—黄色；W—白色；R—红色；G—绿色；B—黑色。

提示：如果测试结果与所给正常值不符，则可能相应的线束有故障。

2)接上 T05 接接器，从后端引线测量板端端子电压，其正常状态见表 2-2-4。

表 2-2-4　接上 T05 连接器的正常状态

端子号	线色	端子描述	条件	正常值
T05—11—车身地	R/B	左前门玻璃升电源	电源 ON 挡电，左前门开关向上拉起	11～14 V
T05—23—车身地	R/Y	左前门玻璃降电源	电源 ON 挡电，左前门开关向下按	11～14 V
T05—2—车身地	L/W	右前门玻璃降电源	—	—
T05—16—车身地	L/R	右前门玻璃升电源	—	—
T05—15—车身地	Br	左后门玻璃降电源	—	—
T05—21—车身地	Br/W	左后门玻璃升电源	—	—
T05—20—车身地	Br/Y	右后门玻璃降电源	—	—
T05—22—车身地	L/O	右后门玻璃升电源	—	—
T05—17—车身地	V	CAN_L	始终	1.5～2.5 V
T05—18—车身地	P	CAN_H	始终	2.5～3.5 V
T05—4—车身地	W	左前门锁未锁信号	左前门锁未锁	小于 1 V

注：O—橙色；V—紫色；P—粉色；Br—棕色。

提示：如果测试结果与所给正常值不符，则可能开关故障。

3. 左前玻璃升降器开关组配电故障排除

(1)描述

窗控系统电源从仪表板配电盒引出。

(2)电路图

窗控系统电路图如图 2-2-7 所示。

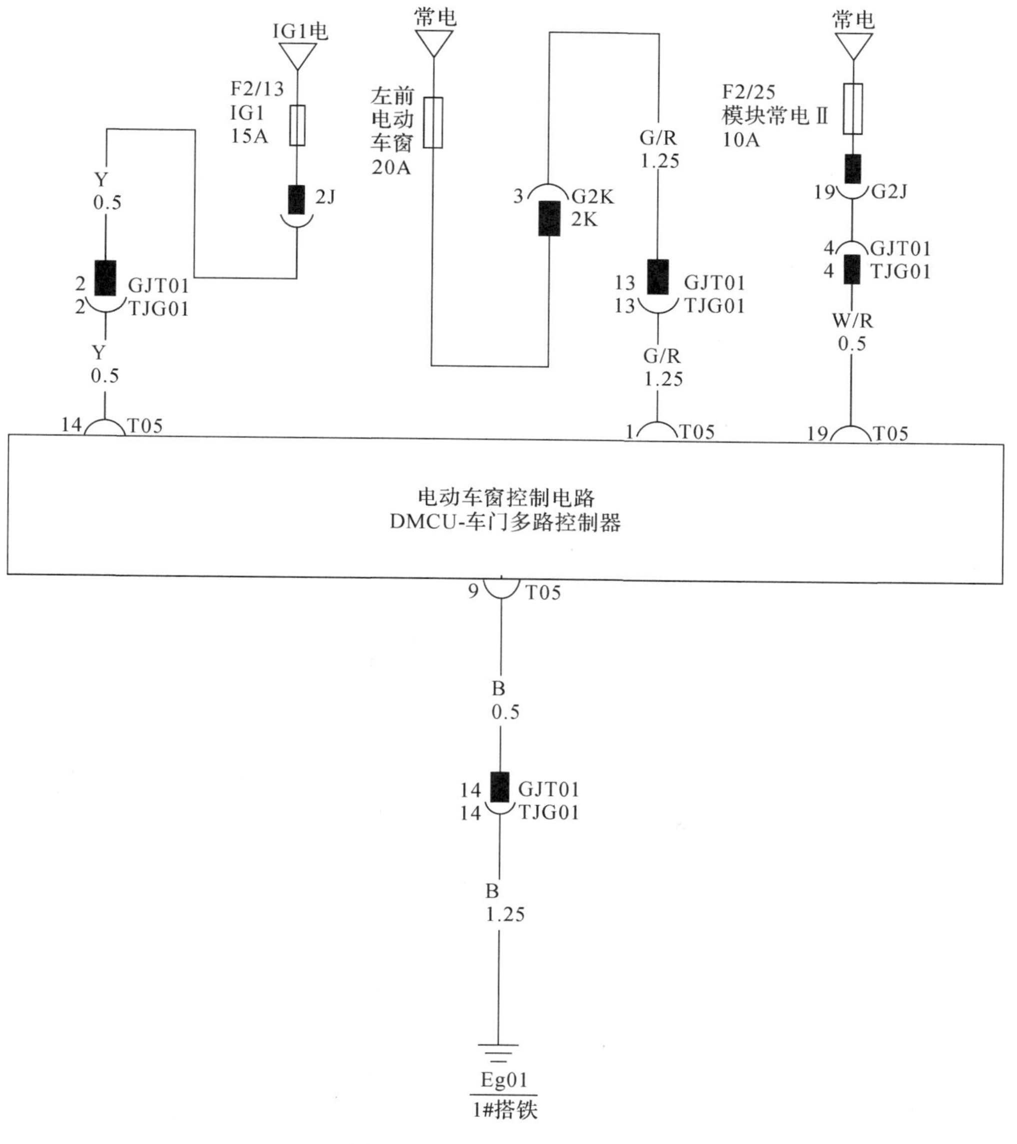

图 2-2-7　窗控系统电路图

(3)检查步骤

检查电源:断开接插件 T05,测线束端电压,其正常状态见表 2-2-5。

表 2-2-5 窗控系统断开 T05 正常状态

端子	线色	条件	正常情况
T05—14—车身地	Y	ON 挡电	11～14 V
T05—19—车身地	W/R	常电	11～14 V
T05—9—车身地	B	始终	小于 1 V
T05—1—车身地	G/R	始终	小于 1 V

若有异常，则处理办法为更换配电盒或线束；若无异常，则说明左前玻璃升降器电源正常。

4. 玻璃升降器电机电源电路故障排除

(1)电路图

玻璃升降器电机电源电路如图 2-2-8 所示。

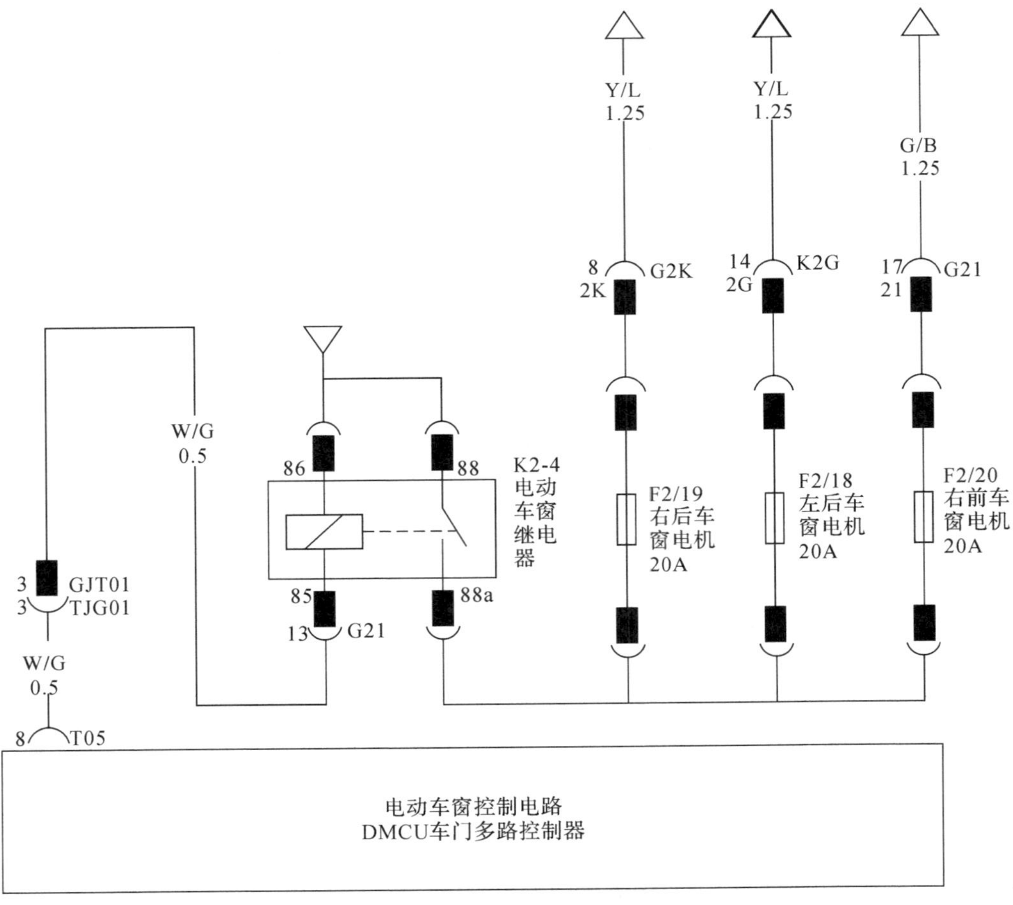

图 2-2-8 玻璃升降器电机电源电路图

(2)检查步骤

1)检查保险:用万用表点在保险两端,测保险阻值,其正常结果见表 2-2-6。

表 2-2-6　保险阻值正常结果

端子	结果
F1/23—1 两端	小于 1 Ω
F2/16 两端	小于 1 Ω
F2/17 两端	小于 1 Ω
F2/18 两端	小于 1 Ω
F2/19 两端	小于 1 Ω

若有异常,则处理办法为更换保险;若无异常,则检查左前玻璃升降器电机电源。

2)检查左前玻璃升降器电机电源:断开左前门电动门窗控制开关 T05 连接器;检查线束端电压,其正常情况见表 2-2-7。

表 2-2-7　线来端电压正常情况

端子	线色	条件	正常情况
T05—8—车身地	W/G	常电	小于 1 V

3)查继电器:从仪表板配电盒拔下电动车窗继电器;给控制端加电压,检查继电器(见图 2-2-9)是否吸合,其正常结果见表 2-2-8。

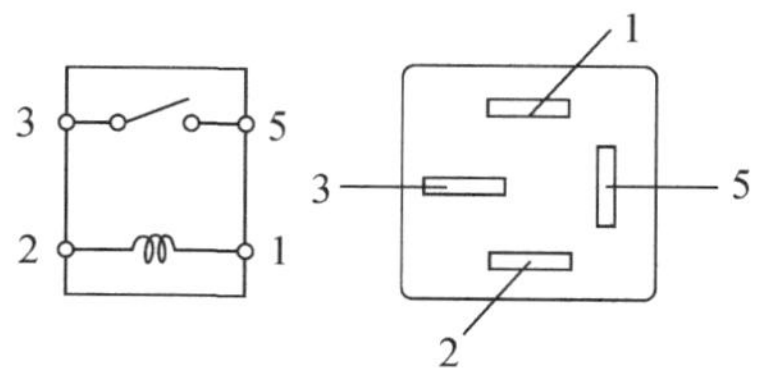

图 2-2-9　继电器端口

表 2-2-8　检查继电器正常结果

端子	结果
1—蓄电池正极	3 与 5 导通
2—蓄电池负极	

4)检查继电器控制信号:从后端引线测板端输出,其正常情况见表 2-2-9。

表 2-2-9　继电器控制信号正常情况

端子	线色	条件	正常情况
T05—8—车身地	W/G	ON 挡电车窗锁开关打开	小于 1 V

5)检查线束:断开接插件 T05,测线束阻值,电路正常,见表 2-2-10。

表 2-2-10　线束阻值正常情况

端子	线色	条件	正常情况
T05—8—G2J—13	W/G	始终	小于 1 Ω

6. 左前车窗开关无法控制左前车窗升降故障排除

(1)描述

当发动机处于工作状态或启动按钮上到 ON 挡电之后，左前玻璃升降器开关组(简称左前车窗开关)能控制左前、右前、左后、右后车窗的升降，左前车窗的升降分为 3 挡：①停止挡；②上升挡Ⅰ；③下降挡Ⅰ。

(2)电路图

电动车窗控制电路如图 2-2-9 所示。

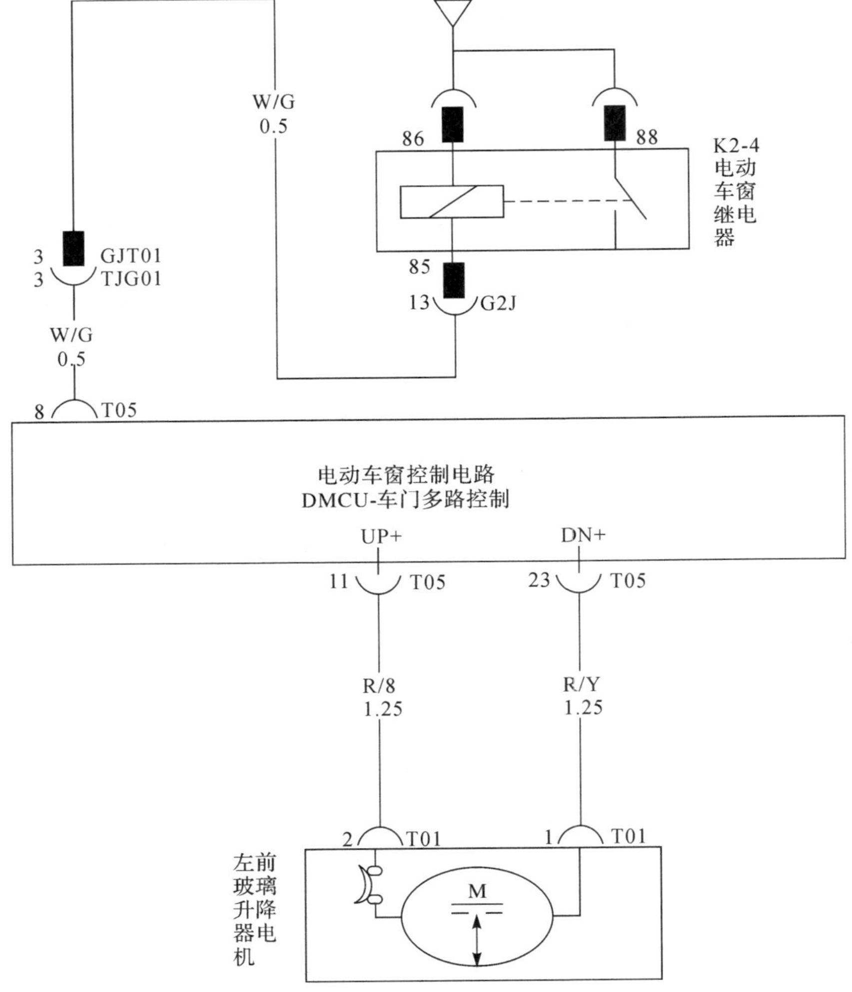

图 2-2-9　电动车窗控制电路图

(3)检查步骤

1)检查保险:用万用表点在保险 F2/13 的两端,测保险阻值,其正常结果见表 2 -2 - 11。

表 2 - 2 - 11　保险阻值正常结果

端子	正常结果
F2/13 两端	小于 1 Ω

若异常,则更换保险;若正常,则检查左前玻璃升降电机电源电压。

2)检查左前玻璃升降电机电源电压:断开左前门电动门窗控制开关 T05 连接器,检查线束端电压。其正常情况见表 2 - 2 - 12。

表 2 - 2 - 12　电源电压正常情况

端子	线色	条件	正常情况
T05 - 8—车身地	W/G	始终	11～14 V

3)检查左前玻璃升降电机:拔下左前门窗电机 T06 连接器(见图 2 - 2 - 10);用蓄电池给电机两端加电压,检查电机动作。其正常结果见表 2 - 2 - 13。

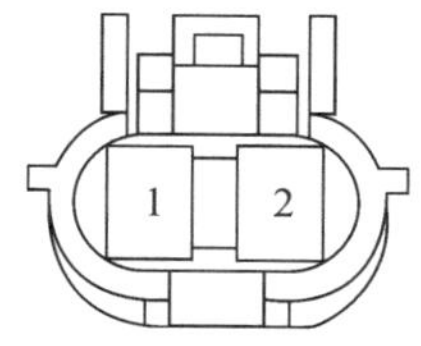

图 2 - 2 - 10　T06 连接器

表 2 - 2 - 13　电机动作正常结果

端子	结果
蓄电池正极—T06 - 2	玻璃上升
蓄电池负极—T06 - 1	玻璃下降

4)检查左前玻璃升降器控制开关:从左前控制开关后端引线,测板端输出电压,其正常值见表 2 - 2 - 14。

表 2 - 2 - 14　输出电压正常值

端子	测试条件	正常值
T05 - 11—T05 - 23	ON 挡电开关向上抬起	11～14 V
T05 - 23—T05 - 11	ON 挡电开关向下按	11～14 V

5)检查线束:拔下左前车窗开关T05连接器,拔下左前车窗电机T06连接器,测量线束端连接器各端子间电阻。其正常情况见表2-2-15。

表2-2-15　线束端子间电阻正常情况

端子	线色	条件	正常情况
T05-11—T06-2	R/B	始终	小于1 Ω
T05-23—T06-1	R/Y	始终	小于1 Ω

6)结束。

项目三

新能源汽车底盘故障诊断与排除

任务一　新能源汽车行驶异响故障的诊断与排除

【学习目标】

1)了解前悬架车轮轴承轴向间隙检测、车轮振摆检测。

2)熟悉前减振总成检测及更换方法、前悬下摆臂总成更换方法。

3)熟悉后减振器总成的检查及更换方法。

4)熟练后悬架臂总成的检查及更换方法。

【情景导入】

赫先生在某地比亚迪 4S 店购买了一辆比亚迪 e5 新能源汽车，提车、试车时赫先生并未发现异响，开车回家(异地)用车半年后发现车辆行驶时有异响。赫先生将车开到了购买地 4S 店并向服务顾问描述了车辆存在的问题。经售后车间检查确认是悬架部分出现了故障，随后维修人员对行驶系统进行故障诊断、排除与处理。

【学习过程】

一、车轮轴承轴向间隙的检测

1)举升车辆，确保支撑可靠，拆下车轮。

2)安装合适的平垫圈(A)和车轮螺母(见图 3-1-1)，然后将螺母锁紧到规定扭矩(110±5)N·m，将制动盘牢牢地固定在轮毂上。

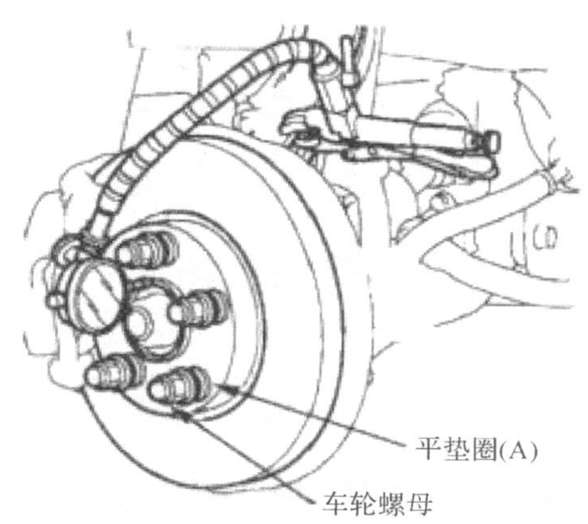

图 3-1-1　安装合适的平垫圈(A)和车轮螺母

3)如图 3-1-2 所示，在轮毂帽上放置百分表，通过里外移动制动盘，测量轴承的轴向间隙。

注意：前轮轴承轴向间隙标准值为 0.07～0.10 mm，后轮轴承轴向间隙标准值为 -0.01～0.04 mm。

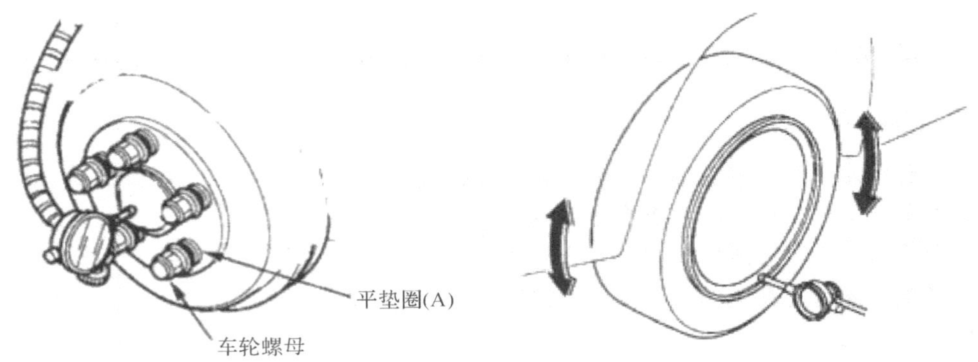

图 3-1-2 测量轴承的轴向间隙

4)如果轴承的轴向间隙大于标准值,则更换车轮轴承。

二、车轮振摆的检测

1)举升车辆,确保支撑可靠。

2)检查车轮是否弯曲或变形。

3)按图 3-1-3 所示放置百分表,旋转车轮,测量轴向振摆。

注意:前、后车轮轴向振摆标准值为铝质轮 0～0.7 mm、钢质轮 0～1.0 mm,使用极限为 2.0 mm。

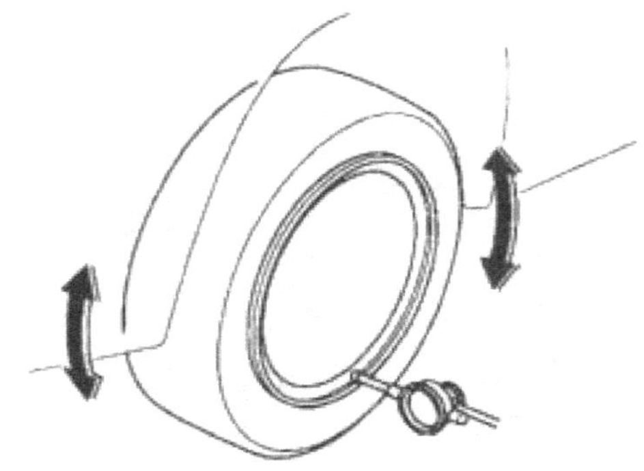

图 3-1-3 测量轴向振摆

4)按图 3-1-3 所示放置百分表,测量径向振摆。前、后车轮径向振摆标准值为铝质轮 0～0.7 mm、钢质轮 0～1.0 mm,使用极限为 1.5 mm。

三、前减振器总成的检测及更换

1. 拆卸

1)掀起车辆前舱盖,利用安全支撑在合适的位置将其支撑。

2)断开电池负极端。

3)拆掉车身上减振器安装位置的遮挡物,包括雨刮盖板、雨刮器、流水槽等。

4)拆卸车轮螺母和前轮。

5)拆掉制动软管固定支架、轮速传感器线束支架及卡扣。

6)拆掉减振器与转向节连接螺栓和螺母,如图 3-1-4 和图 3-1-5 所示。

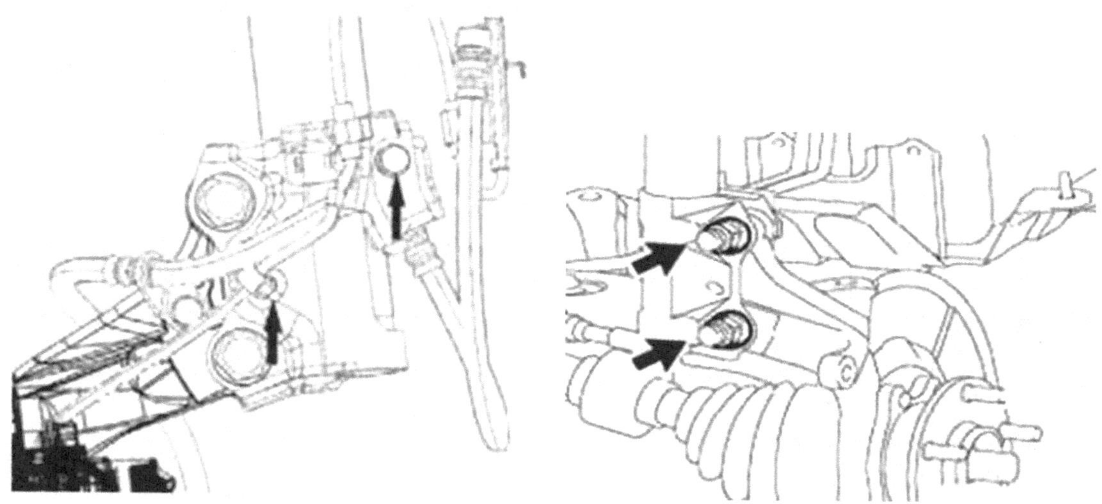

图 3-1-4　减振器与转向节连接螺栓和螺母　　图 3-1-5　减振器与转向节连接螺母

7)拆掉减振器与车身连接的 3 个螺母,如图 3-1-6 所示。

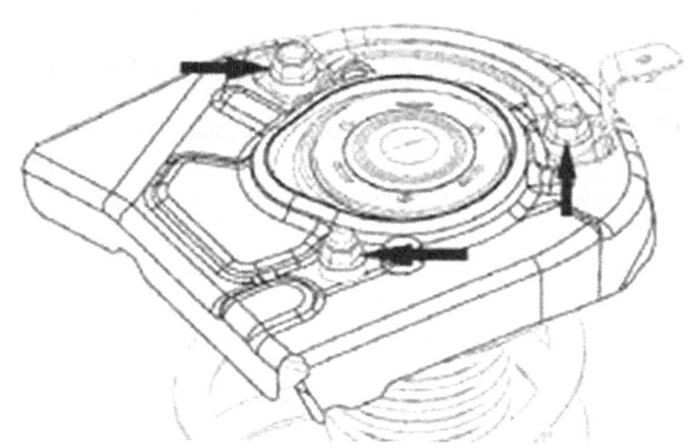

图 3-1-6　减振器与车身连接螺母

2.分解

左、右两侧减振器的分解方法一样。

1)拆掉防尘盖。

2)拆除活塞杆螺母:用两组螺栓和螺母安装到托架上,并用夹具夹住,使用专用工具夹紧弹簧,将活塞杆螺母拆掉(如果没有专用工具也可以用牢固的铁丝绑紧),如图 3-1-7 所示。

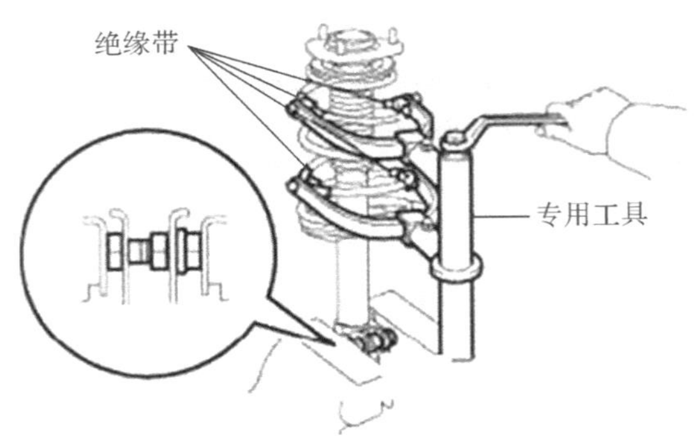

图 3-1-7　拆活塞杆螺母

注意:为了避免螺旋弹簧受到破坏,缠上绝缘带;如果用铁丝绑紧,不要将铁丝松开,直到重新装上。

3)拆掉前减上支撑组合。

4)拆掉前减防尘垫。

5)拆掉前减弹簧上座组合。

6)拆掉前减防尘罩。

7)拆掉前减螺旋弹簧。

8)拆掉前减缓冲体。

9)拆掉前减弹簧下缓冲垫。

3. 检查与处理

检查前减阻尼器总成(见图 3-1-8):压缩和伸展阻尼器活塞杆,检查在操作时是否有异常阻力或异声。如果有任何异常则需要更换新的前件阻尼器总成。

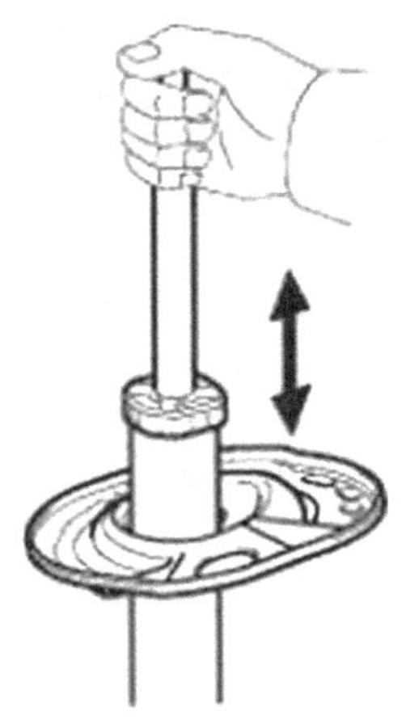

图 3-1-8　检查前减阻尼器总成

注意:处理前减阻尼器总成时,完全伸展阻尼器活塞杆,并用老虎钳或相当的工具固定起来;使用钻孔机,慢慢在图 3-1-9 所示的 A 区域钻一个孔,以放出里面的气体。

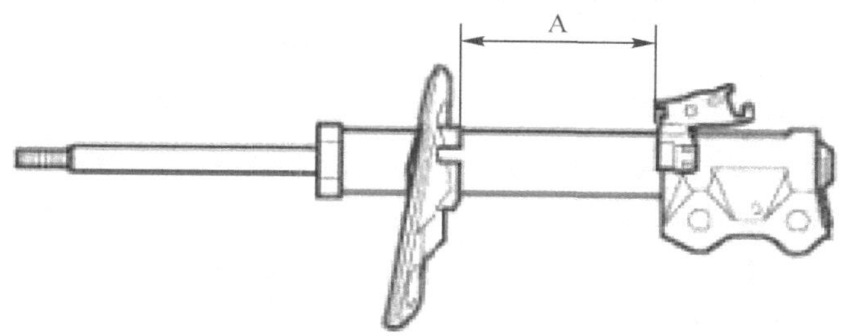

图 3-1-9　钻孔区域

警告：放出来的气体是无色、无味的，对人体无任何影响；在钻孔时用抹布或一块布遮住钻孔机，避免放出来的气体导致碎片飞散而发生意外。

4. 重新组装

1)安装前减弹簧下缓冲垫，如图 3-1-10 所示。

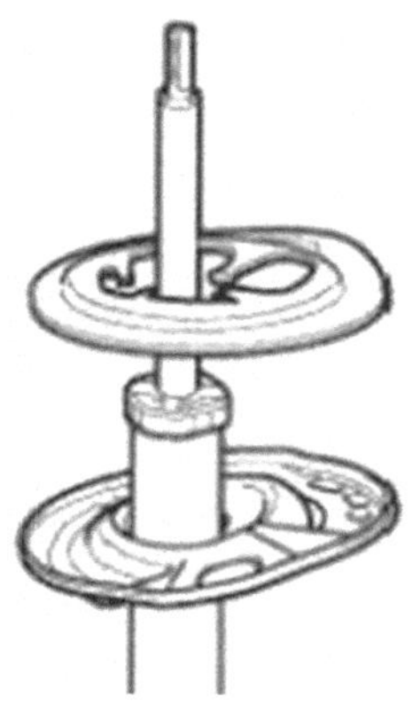

图 3-1-10　安装前减弹簧下缓冲垫

2)使用专用工具压紧前减螺旋弹簧(见图 3-1-11)，将弹簧装配到前减阻尼器总成上(如果前面有绑铁丝的话直接装上)。

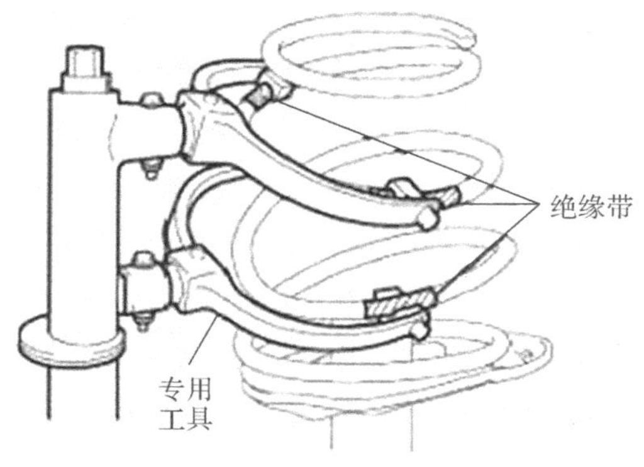

图 3-1-11　压紧前减螺旋弹簧

注意：为了避免螺旋弹簧受到破坏，缠上绝缘带。

3)安装前减缓冲体。

4)安装前减防尘罩。

5)安装前减弹簧上座组合。

6)安装前减防尘垫。

7)安装前减上支撑组合。

8)用工具将一个崭新的活塞杆螺母拧紧(见图 3-1-12)，力矩为(85±5) N·m。

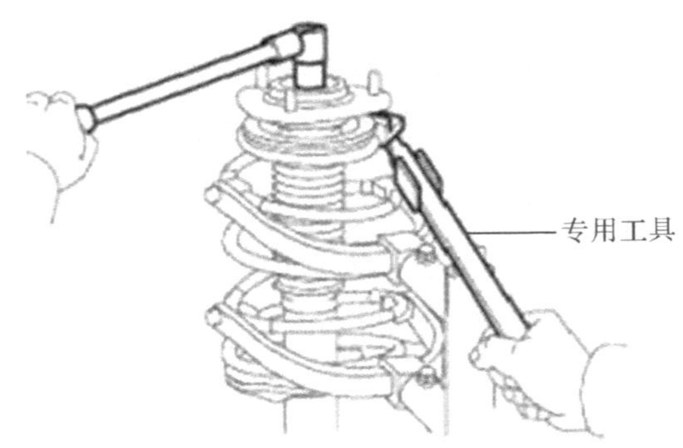

图 3-1-12　拧紧活塞杆螺母

9)装上前减防尘盖。

10)松开专用工具(如果有绑铁丝的话将铁丝松开)。

5. 安装

1)将减振器与车身连接螺母装上(见图 3-1-13)，拧紧螺母力矩为(75±5) N·m。

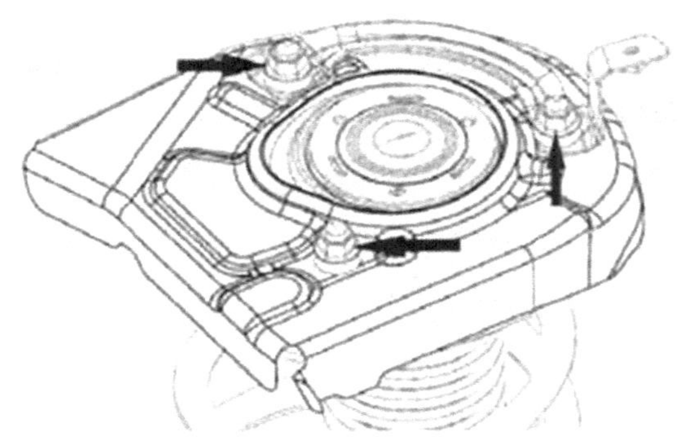

图 3-1-13　安装减振器与车身连接螺母

2)安装减振器与转向节连接螺栓和螺母(见图 3-1-14)。将减振器与转向节安装孔对正，穿入螺栓和带上螺母，拧紧螺母，此处力矩为(230±5) N·m。

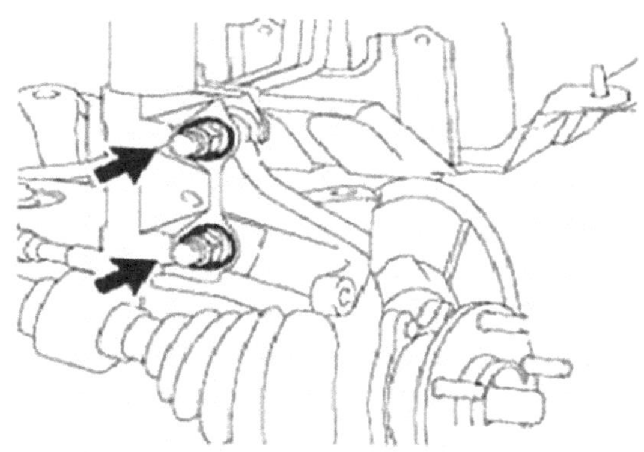

图 3-1-14　安装减振器与转向节连接螺栓和螺母

注意：拧紧螺母时，应用扳手固定螺栓。

3）将制动软管固定支架（见图 3-1-15）、轮速传感器线束支架及卡扣装到减振器支架及托架上。

4）安装前轮，拧紧车轮螺母，力矩为（110±5） N·m。

5）安装减振器上部的遮挡物（雨刮盖板、雨刮器、流水槽等）。

6）连接蓄电池负极端。

7）合起车辆前舱盖。

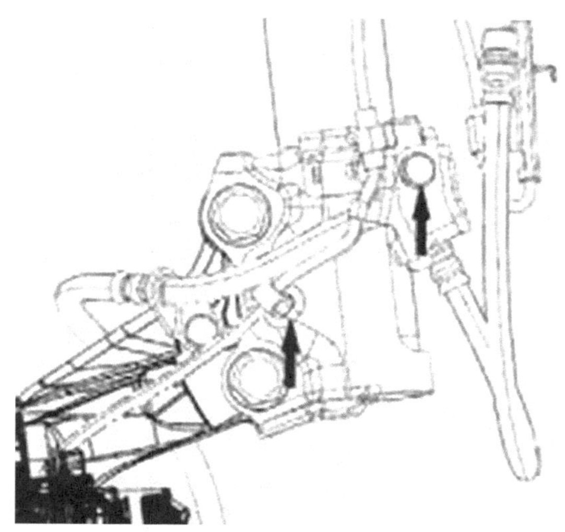

图 3-1-15　安装固定支架

四、前悬下摆臂总成的更换

1. 拆卸

1）拆掉车轮。

2）拆掉下摆臂与前下摆臂球头销总成的安装螺栓和螺母，如图 3-1-16 所示。

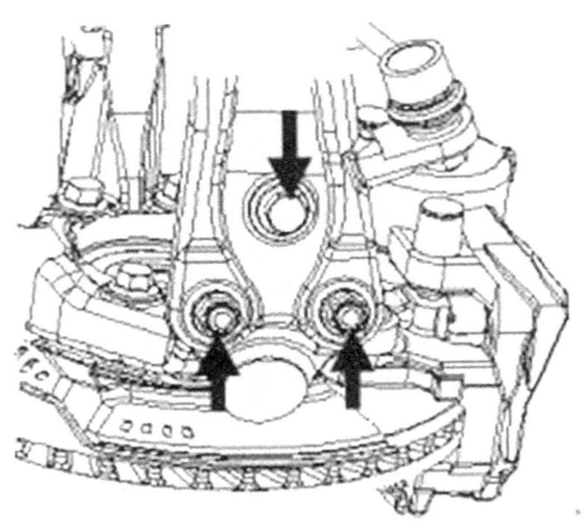

图 3-1-16 下摆臂与前下摆臂球头销总成的安装螺栓和螺母位置

3)拆掉稳定杆拉杆的两个安装螺母(见图 3-1-17),拆掉稳定杆拉杆及球头总成。

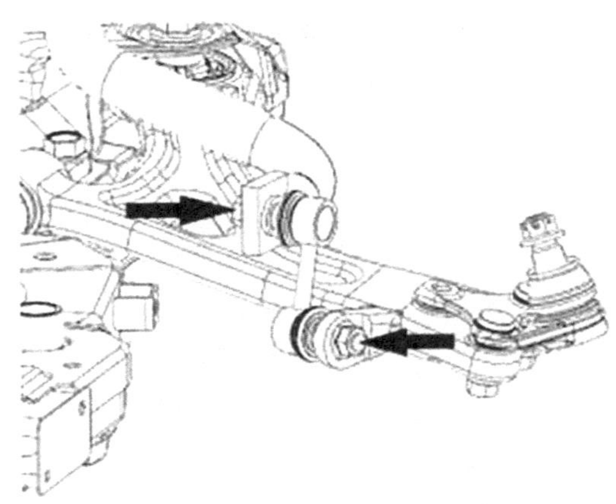

图 3-1-17 稳定杆拉杆的安装螺母位置

4)拆掉下摆臂后安装螺栓(见图 3-1-18)。

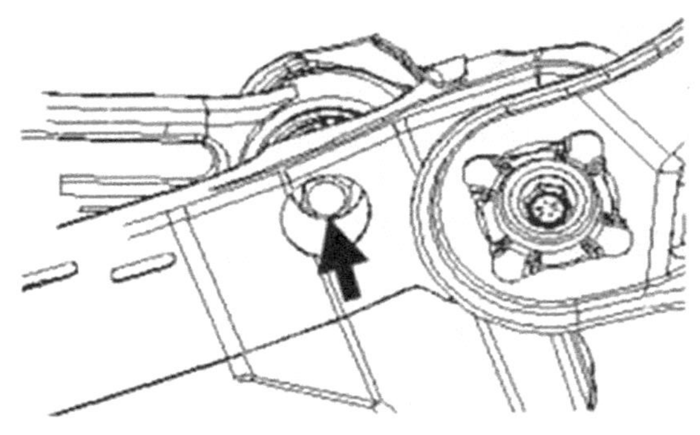

图 3-1-18 下摆臂后安装螺栓位置

5)拆掉下摆臂前安装螺栓(见图 3－1－19)。

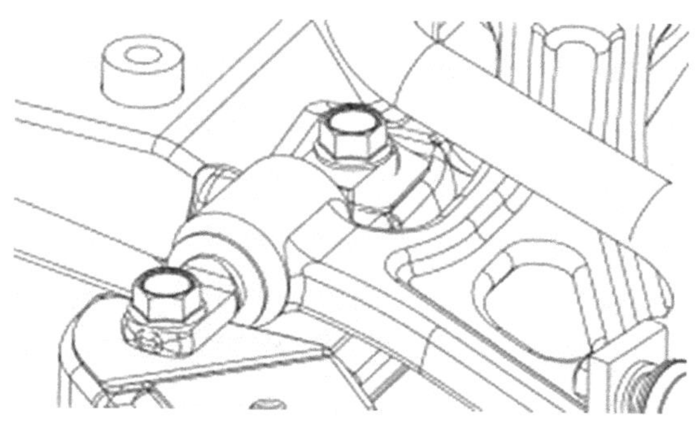

图 3－1－19　下摆臂前安装螺栓位置

注意:检查前下摆臂总成是否损坏,橡胶衬套是否老化、损坏,若出现损坏或者橡胶老化现象则更换受损的前下摆臂或衬套总成,千万不能对其进行维修。由于动力总成、稳定杆位置影响摆臂安装螺栓拆卸,需拆卸摆臂时必须先与副车架主体一起拆卸下来后再分拆摆臂。

2. 安装

1)安装下摆臂前安装螺栓(见图 3－1－20),拧紧力矩为(210±5) N·m。

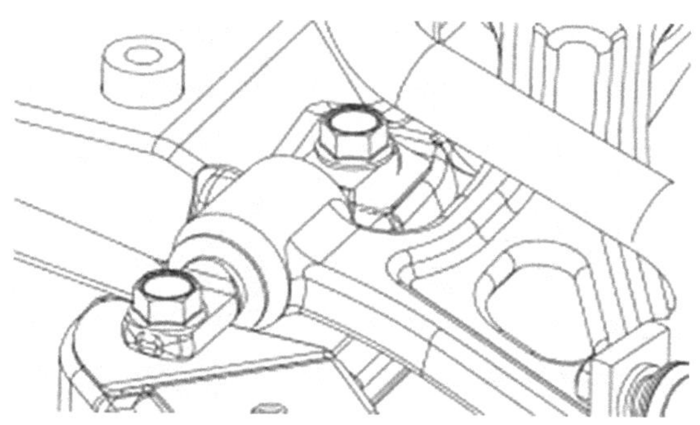

图 3－1－20　下摆臂前安装螺栓位置

2)安装下摆臂后安装螺栓与螺母(见图 3－1－21),拧紧力矩为(280±5) N·m。

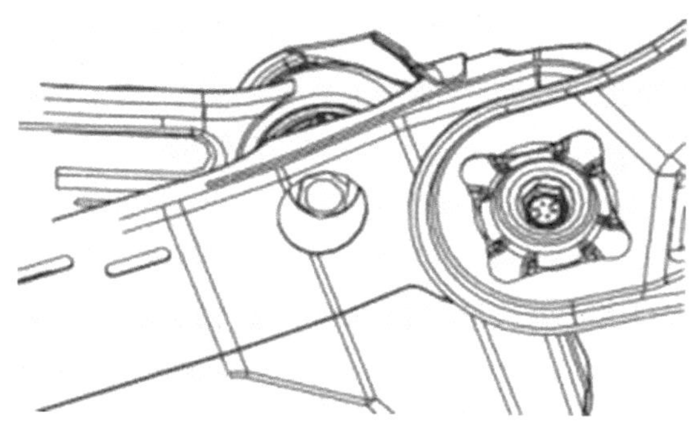

图 3－1－21　下摆臂后安装螺栓位置

3)安装稳定杆拉杆(见图 3-1-22)及球头总成,拧紧力矩为(80±5) N·m。

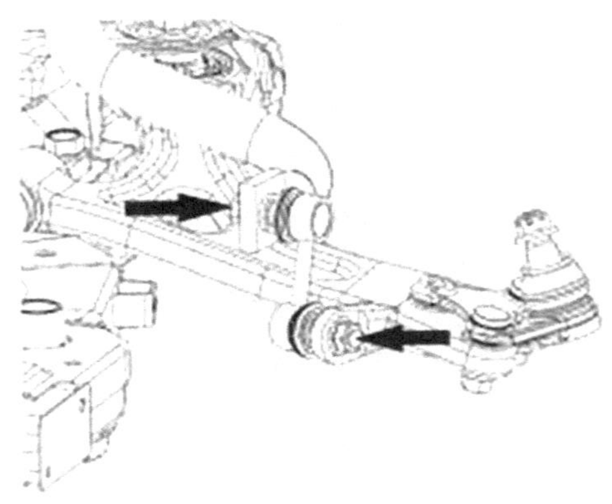

图 3-1-22　稳定杆拉杆的安装螺母位置

4)安装下摆臂与前下摆臂球头销总成的安装螺栓(见图 3-1-23)和螺母,拧紧力矩均为(120±5) N·m。

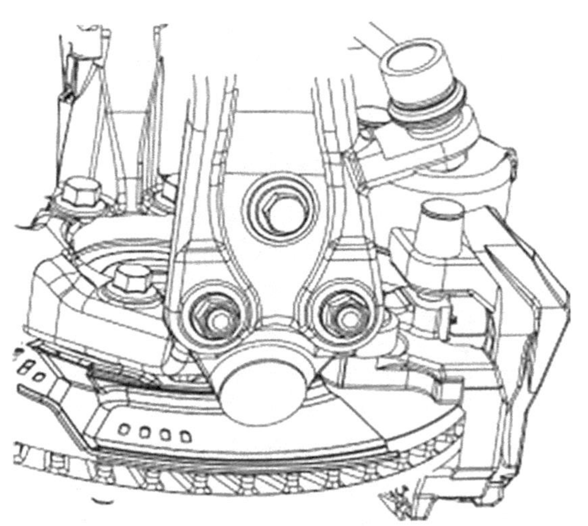

图 3-1-23　下摆臂与前下摆臂球头销总成安装螺栓

5)安装前轮,拧紧力矩为(110±5) N·m。

五、后减振器总成的更换

1. 拆卸

1)掀起车辆前舱盖,利用安全支撑在合适的位置将其支撑。

2)断开电池负极端。

3)拆掉后减振器总成遮挡物(行李箱侧面毛毡等)。

4)拆掉车轮螺母和后轮。

5)拆掉电子驻车制动(EPB)系统线束支架、制动软管固定支架、轮速传感器线束(见图3-1-24)。

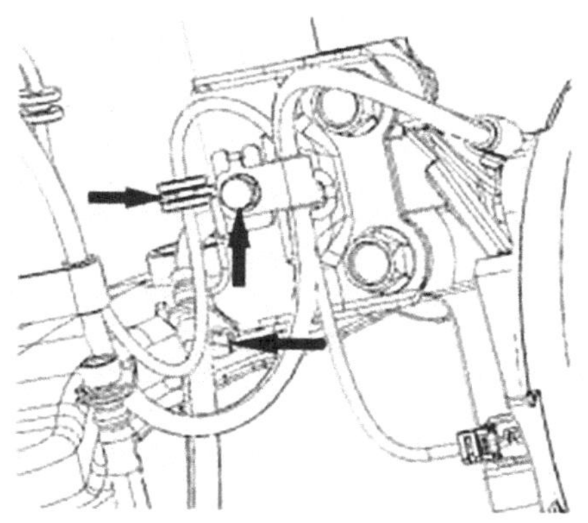

图3-1-24　EPB线束支架、制动软管固定支架和轮速传感器线束

6)用起重器支撑住后转向节(见图3-1-25)。

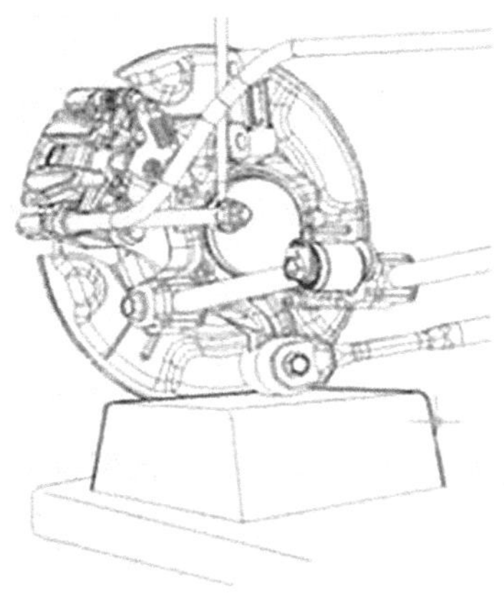

图3-1-25　用起重器支撑住后转向节

7)拧下螺母,从减振器上断开稳定杆拉杆(见图3-1-26)。

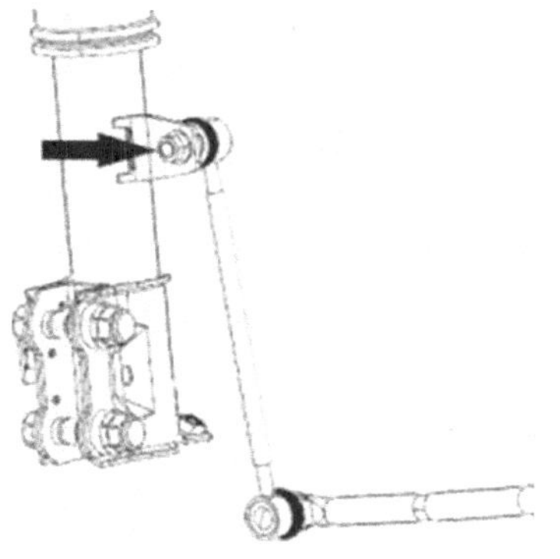

图3-1-26　断开稳定杆拉杆

8)拧松减振器与转向节连接螺栓(见图 3-1-27)和螺母。

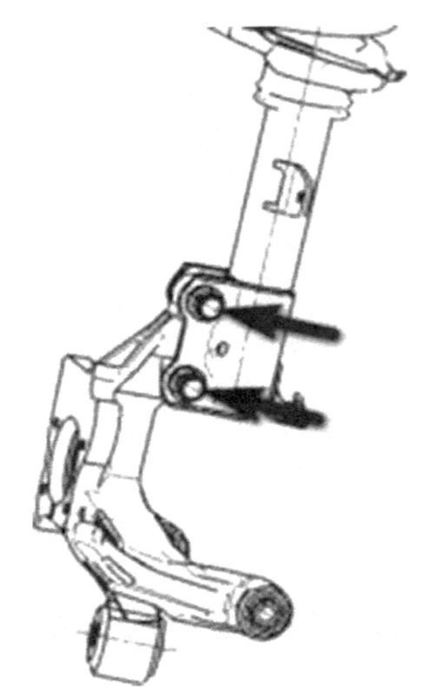

图 3-1-27　减振器与转向节连接螺栓

注意:松螺母时,应用扳手固定螺栓,不要拧下螺栓或螺母。

9)拆掉后减振器与车身连接的 3 个螺母。

10)将转向节降低一些,拧下减振器下端的两组螺栓和螺母。

11)取下减振器支柱总成。

2. 分解

提示:对于分解,左、右两侧减振器的分解方法(见图 3-1-28)一样。

1)拆除活塞杆螺母:将两组螺栓和螺母安装到托架上,并用夹具夹住,使用专用工具夹紧弹簧,将活塞杆螺母拆掉(如果没有专用工具的话也可以用牢固的铁丝绑紧)。

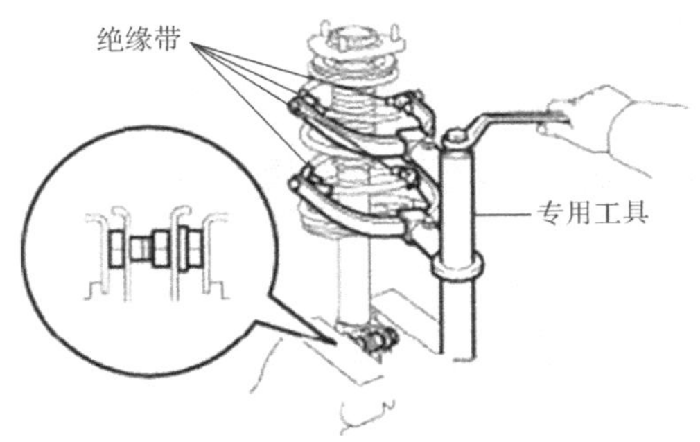

图 3-1-28　减振器的分解

注意:为了避免螺旋弹簧受到破坏,缠上绝缘带;如果用铁丝绑紧的话,不要将铁丝松开,直到重新装上。

2)取下衬管。

3)拆掉后减上支架组合。

4)拆掉后减防尘垫。

5)拆掉后减防尘罩。

6)拆掉后减螺旋弹簧。

7)拆掉后减缓冲体。

8)拆掉后减弹簧下缓冲垫。

3. 检查与处理

检查后减阻尼器总成:压缩和伸展阻尼器活塞杆(见图 3-1-29),检查在操作时是否有异常阻力或异声,如果有任何异常则需要更换新的后件阻尼器总成。

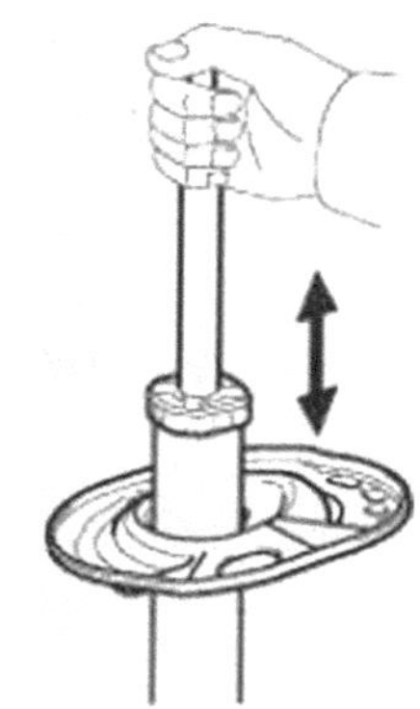

图 3-1-29　检测异常阻力或异声

注意:处理后减阻尼器总成时,完全伸展阻尼器活塞杆,并用老虎钳或相当的工具固定;使用钻孔机钻一个孔,以放出里面的气体。

警告:放出来的气体无色、无味,对人体无任何影响;在钻孔时用一块布遮住钻孔机,避免放出来的气体导致碎片的飞散而发生意外。

4. 重新组装

1)安装后减弹簧下缓冲垫,如图 3-1-30 所示。

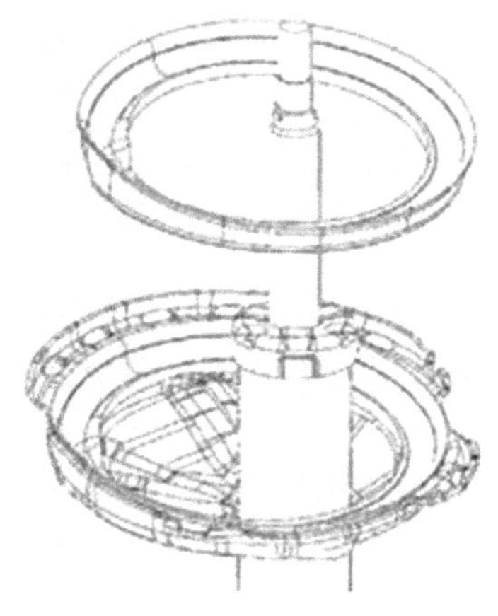

图 3-1-30　安装后减弹簧下缓冲垫

2)使用专用工具压紧后减螺旋弹簧(见图 3-1-31),将弹簧装配到后减阻尼器总成上(如果前面有绑铁丝的话直接装上)。

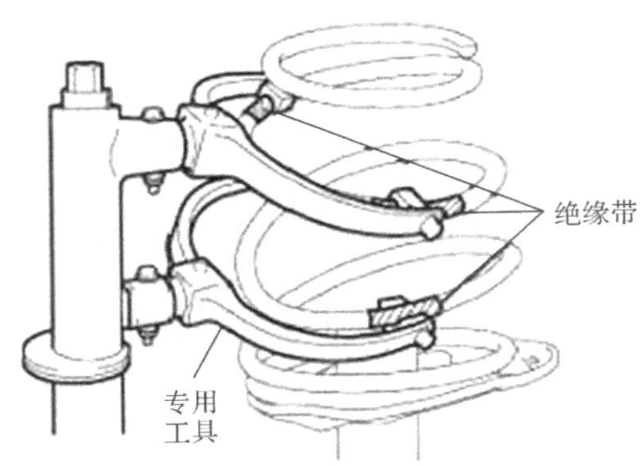

图 3-1-31　压紧后减螺旋弹簧

注意:为了避免螺旋弹簧受到破坏,缠上绝缘带。

3)安装后减缓冲体。

4)安装后减防尘罩。

5)安装后减防尘垫。

6)安装后减上支架组合。

7)安装衬管。

8)用工具将一个崭新的活塞杆螺母拧紧(见图 3-1-32),力矩为 80～90 N·m。

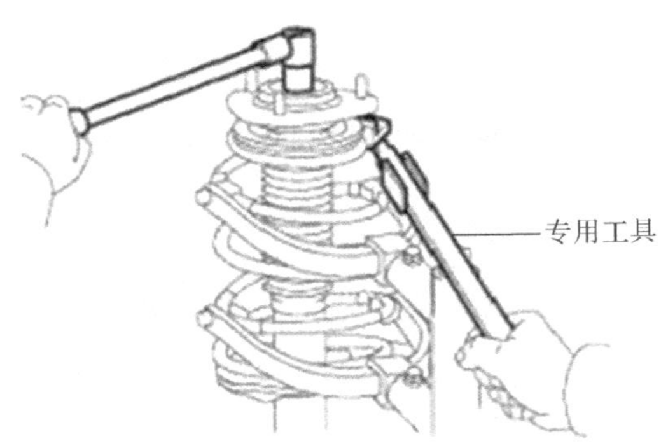

图 3-1-32　拧紧活塞杆螺母

9)松开专用工具(如果有绑铁丝的话将铁丝松开)。

5. 安装

1)安装减振器与车身连接螺母(见图 3-1-33),拧紧力矩为 65 N·m。

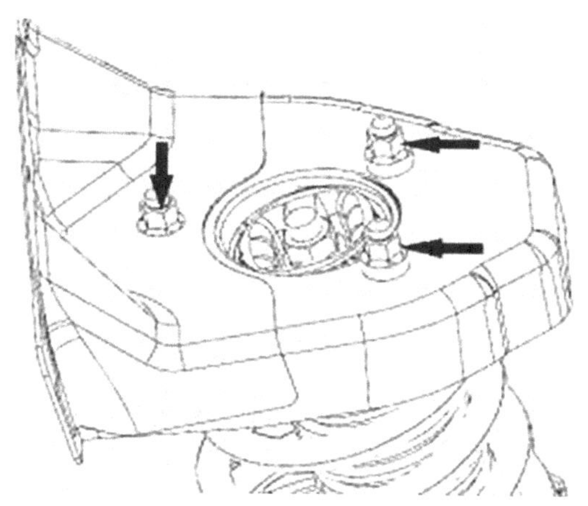

图 3-1-33　减震器与车身连接螺母

2)安装减振器与转向节连接螺栓(见图 3-1-34)和螺母。将减振器与转向节安装孔对正,穿入螺栓和带上螺母,拧紧螺栓,此处力矩为 230 N·m。

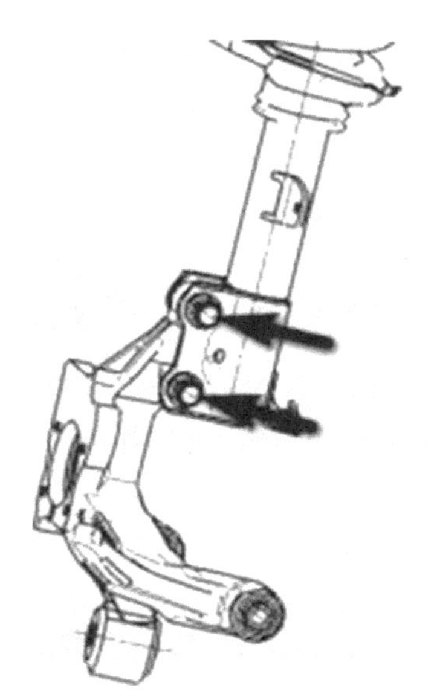

图 3-1-34　减振器与转向节连接螺栓

注意:拧紧螺母时,应用扳手固定螺栓。

3)安装后稳定杆拉杆及球头总成(见图 3-1-35),拧紧力矩为 55 N·m。

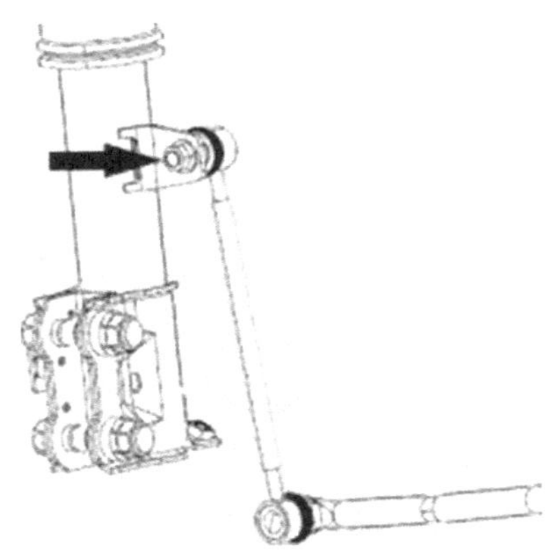

图 3-1-35　减后稳定杆拉杆及球头总成

4)安装 EPB 线束支架、制动软管固定支架和轮速传感器线束，如图 3-1-36 所示。

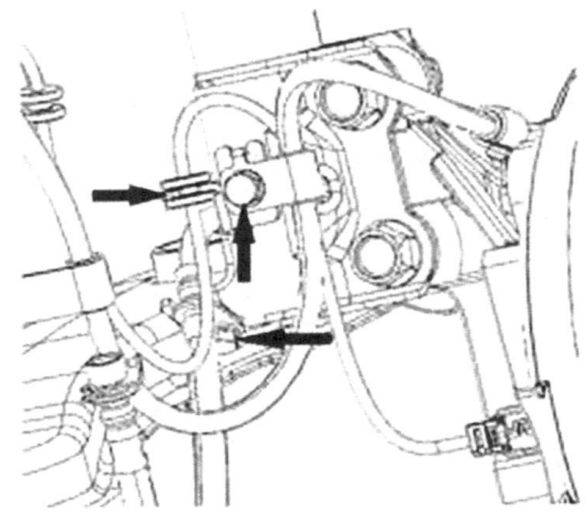

图 3-1-36　安装 EPB 线束支架、制动软管固定支架和轮速传感器线束

5)安装后车轮，拧紧力矩为(110±5) N·m。

6)安装后减振器总成遮挡物(行李箱侧面毛毡等)。

7)连接电池负极端。

8)合起车辆前舱盖。

任务二　新能源汽车 ABS 警告灯常亮故障的诊断与排除

【学习目标】

1)了解制动防抱死系统(ABS)的组成。

2)掌握 ABS 的工作原理。

3)掌握 ABS 的检查方法。

4)掌握 ABS 的故障排除方法。

【情景导入】

某客户驾驶比亚迪新能源汽车在路上正常行驶，发现车辆仪表盘 ABS 指示灯常亮，随即将车辆靠边熄火，多次尝试后 ABS 指示灯依然常亮，打电话咨询 4S 店车辆情况，是否可以继续行驶。该如何回答客户？车辆入场后该如何进行检测并排除故障呢？

【学习过程】

一、ABS 的概述

ABS 是所有现代车辆安全系统的核心装置。在恶劣路况及紧急状况下，例如路面湿滑，或驾驶人需要对路障作出快速反应时，车轮可能在制动后抱死，导致车辆失控。ABS 能在早期识别一个或多个车轮的抱死趋势，然后快速减小相关车轮的制动压力。这能确保驾驶人在执行紧急制动后也能规避障碍物并放慢车速，安全迅速地停车。

ABS 具有以下功能：

1)充分发挥制动器的效能，缩短制动时间和距离。

2)有效防止紧急制动时车辆侧滑和甩尾，具有良好的行驶稳定性。

3)在紧急制动时转向，具有良好的转向操纵性。

4)避免轮胎与地面的剧烈摩擦，减少轮胎的磨损。

二、ABS 的组成

1. ABS 泵

ABS 防抱死制动系统可在常规液压制动的基础上完成对各个车轮制动力的调节，其核心部件是一个称为 ABS 泵的部件。ABS 泵安装在制动总泵和车轮制动分泵之间，两个输入油管连接制动总泵，四条输出油路连接四个车轮制动分泵，用于调节总泵到各个车轮分泵的制动液压，如图 3-2-1 所示。

图 3-2-1　ABS 泵

2. 轮速传感器

轮速传感器安装在车轮上，其作用是将车轮的转速转变为电信号，输送给控制器，以使控制器能准确判断制动时车轮是否被抱死，从而及时控制制动力的大小。车轮转速传感器有磁感应式、光电式、水银式等，目前普遍采用的是磁感应式车轮转速传感器，如图 3-2-2 所示。

图 3-2-2　磁感应式车轮转速传感器

3. ABS 控制单元

ABS 控制单元(见图 3-2-3)是 ABS 的控制核心，其作用是接收各车轮转速传感器及其他传感器的输入信号，并对这些信号进行比较、分析、放大、判别和处理。然后通过精确的计算，得出制动时的车轮速度与加速度、参考车速及参考滑移率，以判断车轮的运动状态等，并按照特定的控制逻辑发出控制指令，对 ABS 的执行器进行控制，以便汽车获得最佳的制动效果。此外，ABS 控制单元还对系统的工作状态进行检测和监控，以免因系统故障造成控制出错，同时它还具有故障自诊断功能。

图 3-2-3　ABS 控制单元

4. ABS 助力泵

新能源汽车没有发动机，没办法使用传统的真空助力器来提供 ABS 助力效果。ABS 助力泵(见图 3-2-4)一般采用电动压缩机提供的真空助力。在汽车通电后，使用电动压缩机提供真空度来给 ABS 总泵提供助力作用。

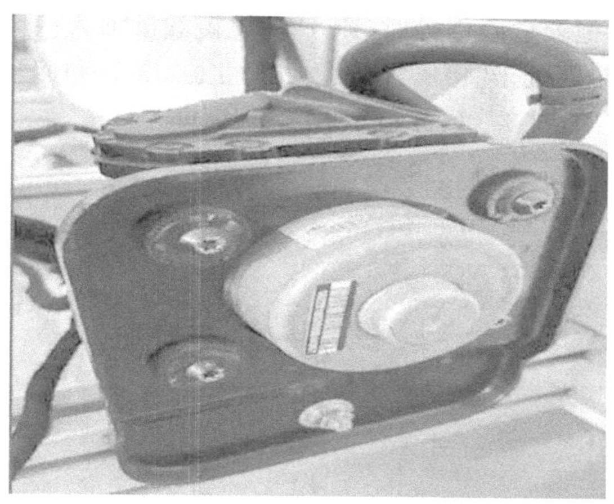

图 3-2-4　ABS 助力泵

三、ABS 的工作过程

1. 常规制动

在常规制动过程中，ABS 不工作，电磁线圈中无电流通过，电磁阀处于“升压”位置，此时制动主缸与轮缸直通，制动主缸的制动液直接进入轮缸，轮缸的压力随制动主缸压力而增减，回油泵也不需工作，如图 3-2-5 所示。

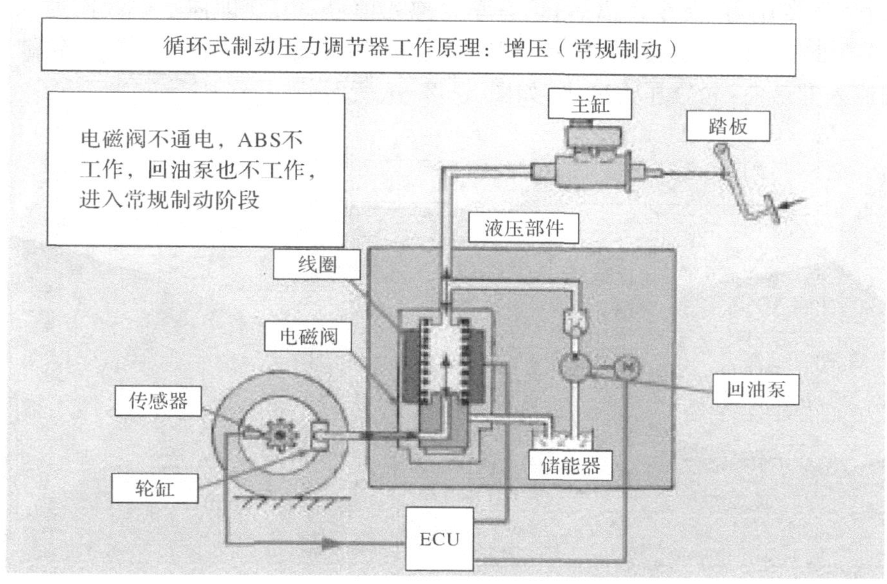

图 3-2-5　常规制动

2. 保压过程

当轮速传感器发出抱死危险信号时，ECU 向电磁线圈通入一个较小的保持电流（约为最大电流的 1/2）时，电磁阀处于"保压"位置。此时主缸、轮缸和回油孔相互隔离密封，轮缸中的制动压力保持一定，如图 3－2－6 所示。

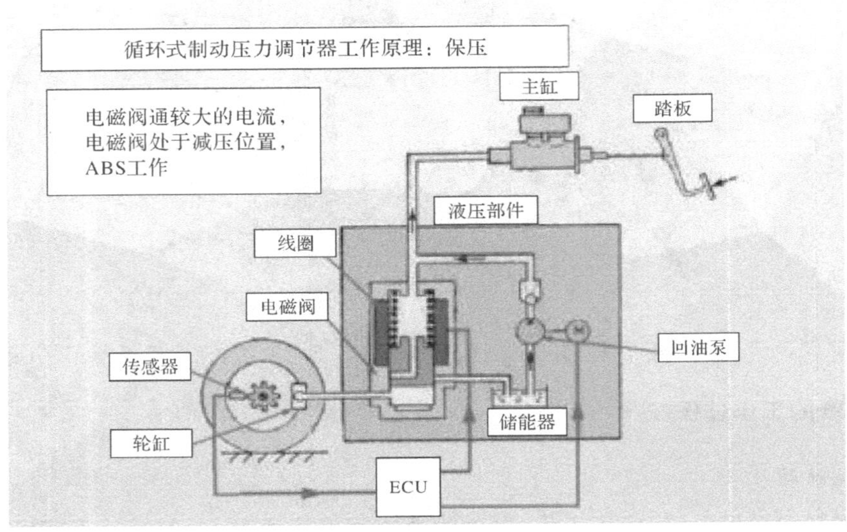

图 3－2－6　保压过程

3. 减压过程

如果在"保持压力"命令发出后，仍有车轮抱死信号，ECU 即向电磁线圈通入一个最大电流，电磁阀处于"减压"位置，此时电磁阀将轮缸与回油通道或储液室接通，轮缸中制动液经电磁阀流入储液室，轮缸压力减小，如图 3－2－7 所示。

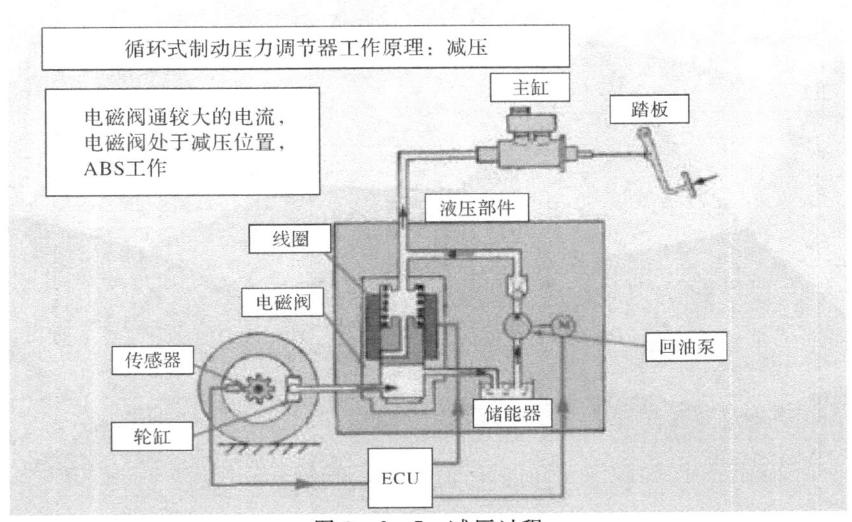

图 3－2－7　减压过程

4. 增压过程

当压力减小后，车轮加速太快时，ECU 便切断通往电磁阀的电流，主缸和轮缸再次相通，主缸中的高压制动液再次进入轮缸，使制动压力增大。

ABS 通过使趋于抱死车轮的制动压力循环往复而将趋于防抱的车轮的滑移率控制在轮胎的最佳滑移率范围内，直至汽车速度减小至很低或者制动主缸的输出压力不再使车轮趋于抱死时为止。各制动轮缸的制动压力能够被独立地调节，从而使四个车轮都不发生制动抱死现象。

四、新能源汽车 ABS 警告灯常亮故障及其排除

1. 蓄电池电压过低或保险丝熔断

1）检查保险丝：检查 ABS 供电 ECU 的 15 A、25 A 和 40 A 保险丝（见图 3－2－8）是否正常工作。

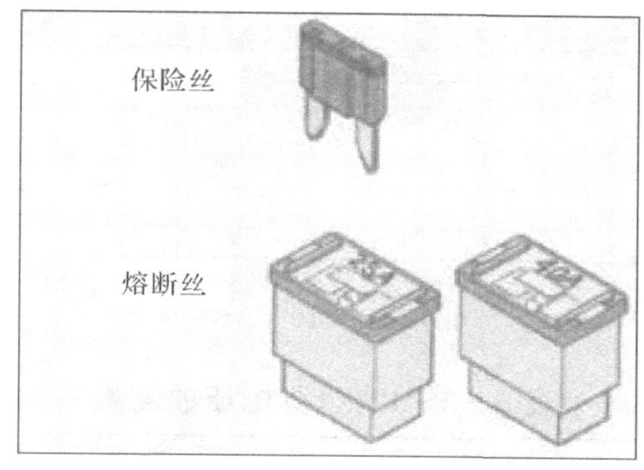

图 3－2－8　保险丝

2）用万用表检查各工况下蓄电池的电压（见图 3－2－9）：①怠速，即打开大灯、空调开至最冷、鼓风机开至最大；②停车，即关闭所有用电器，转速升至 3 500 r/min 约 30 s；③行车制动时，正常电压应为 10～16.9 V。

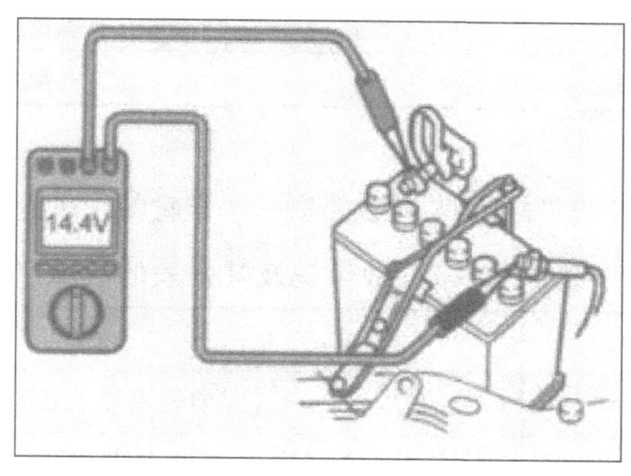

图 3－2－9　用万用表检查蓄电池电压

2. ABS导线断线、插头松动或继电器插接不牢固

1)检查ABS(见图3-2-10)各个部件插头连接是否紧固。

2)用万用表检测ABS各个线束电压是否正常:退电至OFF挡;拆下带ECU的ABS液压调节器接插;上电至ON挡,用万用表分别测量表3-2-1中的针脚电压。

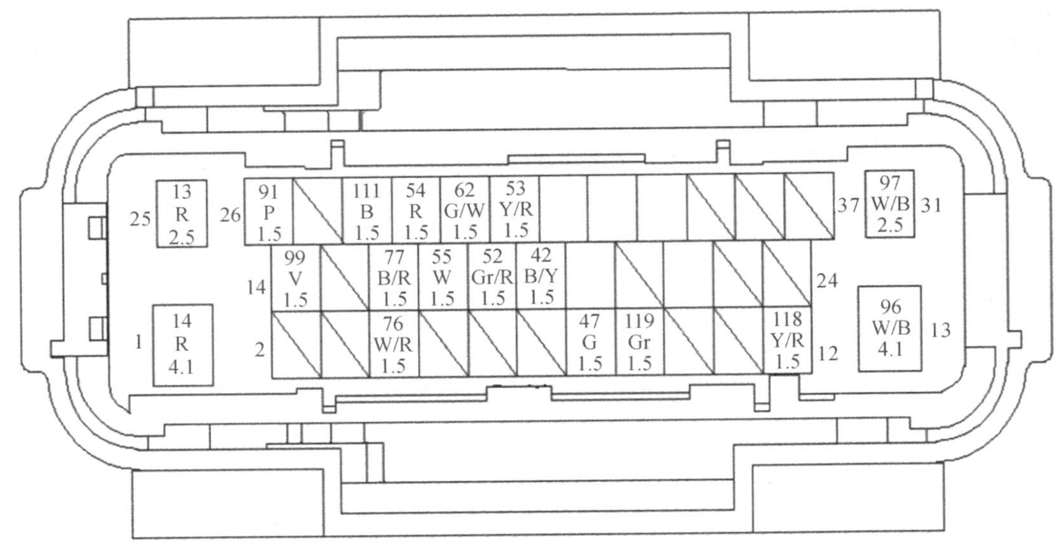

图3-2-10 ABS

表3-2-1 针脚电压的测量

	红表笔接信号线			黑表笔接地线		正常值
	测量	接针脚		测量	接针脚	
回流泵电机电压	UBMR	1	↔	MGND	13	10~16 V
电磁阀电压	UBVR	25	↔	GND	38	10~16 V
ECU供电电压	UZ	28	↔	GND	38	10~16 V
回流泵电机接地	MGND	13	↔	蓄电池负极		<0.5 V
ECU接地	GND	38	↔	蓄电池负极		<0.5 V

3. 轮速传感器故障

1)连接诊断仪,读取并记录故障码,确认是哪一个车轮的轮速传感器故障,见表3-2-2。

表3-2-2 故障码及其代表的故障

故障码	故障
C003108	左前轮速传感器信号故障
C003408	右前轮速传感器信号故障

续表

故障码	故障
C003708	左后轮速传感器信号故障
C0024501	右后轮速传感器信号故障
C024501	轮速传感器故障

2)用万用表检测轮速传感器(见图 3-2-11):使用万用表分别测量 1 号针脚和 2 号针脚以及 2 号针脚连线的对地电阻,正常时结果应为∞,否则应更换轮速传感器。

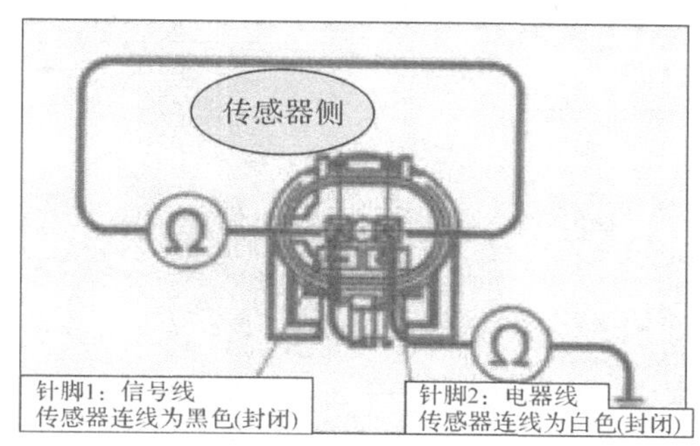

图 3-2-11　用万用表检测轮速传感器

3)用示波器检查轮速传感器及其波形(见图 3-2-12):拆下轮速传感器接插;传感器一端接蓄电池 12 V,另一端接示波器红表笔。

注意:示波器的接地线必须与蓄电池接地线连接。行车时需注意安全,并确保连线不与汽车运动件干涉。

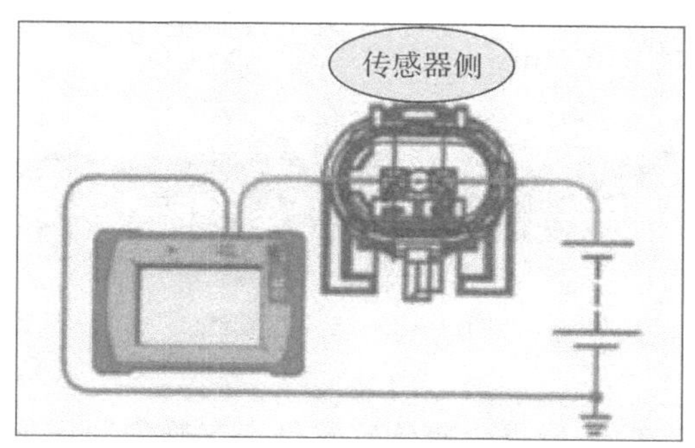

图 3-2-12　使用示波器检查轮速传感器

结果分析:当车辆静止时,如图 3-2-13 所示,示波器会显示输出信号为 0.5 V 左右(传感器与齿尖相对),或 1.0 V 左右(传感器与齿隙相对)。

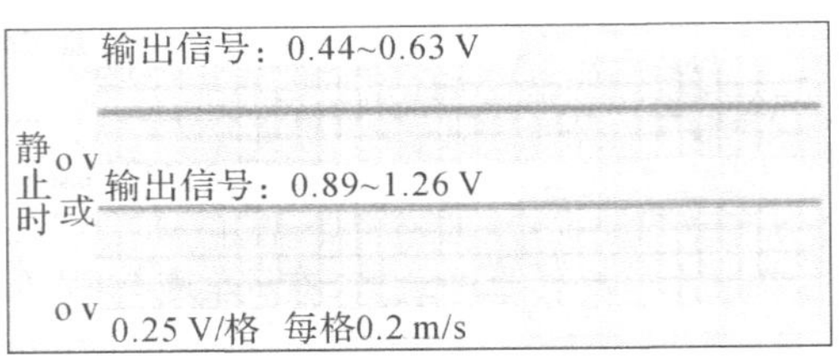

图 3-2-13 静止时示波器波形

将车举升，得到用手以每秒转一圈的速度(相当于车速 2 km/h)转动车轮时所显示的波形，以及以车速约为 30 km/h 行车时显示的波形。如图 3-2-14 所示，车速越快，频率越高。如果波形失真、电压不对、杂波太多，可能是由于转子损坏、松脱或夹有异物，否则应更换轮速传感器。

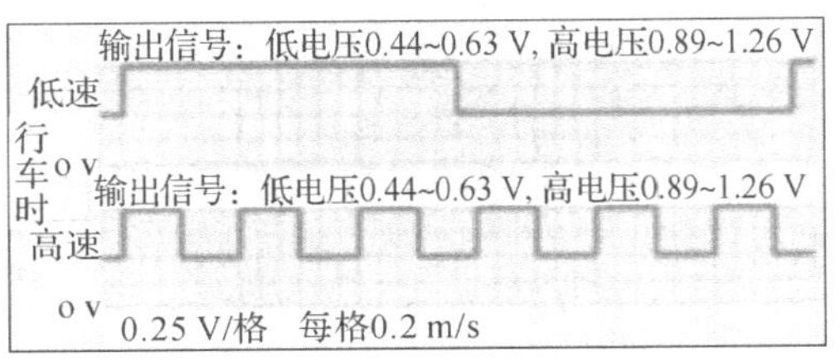

图 3-2-14 行车时示波器波形

4)检查轮速传感器的线束。轮速传感器采用双绞线(见图 3-2-15)提供有效屏蔽，有助于保护敏感的电子元件免受电气干扰。为防止因电气干扰导致连接部件性能下降，当对双绞线进行维修时必须保持正确规格：沿着导线的长度方向，每 310 mm 至少要缠绕导线 9 圈；双绞线的外径不能超过 6.0 mm。

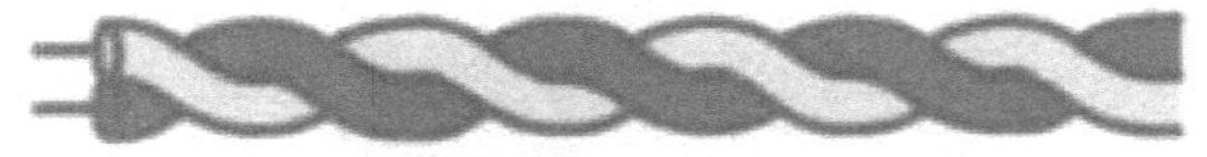

图 3-2-15 双绞线

5)检查轮速传感器的安装：检查轮速传感器是否正确安装到位，正常状态为螺栓正确紧固，传感器与座间无间隙；检查轮速传感器与齿圈气隙(见图 3-2-16)是否正确，前轮传感器间隙最大为 1.2 mm，后轮传感器间隙最大为 0.9 mm。

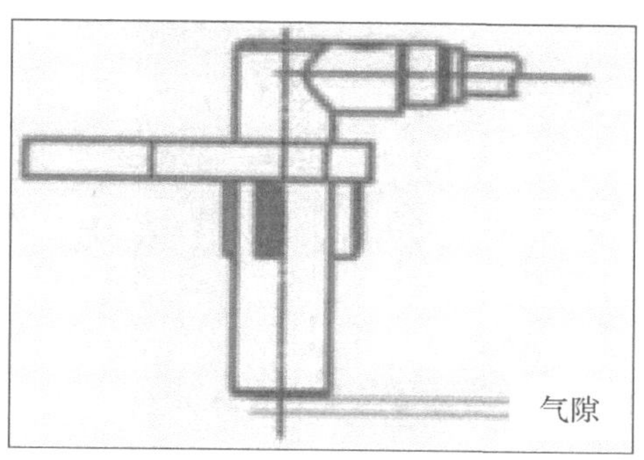

图 3-2-16　轮速传感器与齿圈气隙

【任务实施】

实施步骤	检查方法	检查/执行结果	处理意见
1.检测 ABS 的保险丝			
2.检测蓄电池电压			
3.检查 ABS 各插头连接情况			
4.检测 ABS 各个线束电压			
5.使用解码仪读取 ABS 故障码			
6.用万用表检测轮速传感器			
7.用示波器读取轮速传感器车速静止波形图			
8.用示波器读取轮速传感器低速波形图			
9.用示波器读取轮速传感器高速波形图			
10.检查轮速传感器的线束			
11.检查轮速传感器的安装			

项目四

新能源汽车空调故障诊断与排除

任务一　新能源汽车空调制冷不良故障的诊断与排除

【学习目标】

1)能描述新能源汽车空调制冷系统制冷原理。

2)能描述新能源汽车空调制冷系统组成及结构。

3)能进行新能源汽车空调制冷系统泄漏测试。

4)能按照标准流程完成制冷剂的加注与回收。

5)能完成新能源汽车空调制冷系统的功能和性能检查。

6)能完成新能源汽车空调制冷系统的压力测试。

7)能识读空调系统传感器控制电路图,并完成空调系统传感器的检修,能分析空调系统传感器简单故障。

8)能对新能源汽车维修场地进行日常维护保养,按 8S 管理规定要求清理现场。

【情景导入】

某新能源汽车已使用 5 年,行驶里程 50 000 km,客户反映近段时间空调制冷效果差,经与客户沟通及初步检查,发现该车供暖、送风无异常,空调无维修记录,之前也未出现此类情况,车辆也按车主手册要求定期维护保养。现需要对制冷系统进行故障诊断与排除,班组长指派你小组进行此项任务维修作业,一个工作日后交车。

【学习过程】

一、新能源汽车空调系统的结构及工作原理

新能源汽车的空调原理(见图 4-1-1):由空调驱动器驱动的电动压缩机将气态的制冷剂从蒸发器中抽出,并将其压入冷凝器;高压气态制冷剂经冷凝器液化而进行热交换(释放热量),热量被车外的空气带走;高压液态的制冷剂经膨胀阀的节流作用而降压,低压液态制冷剂在蒸发器中气化而进行热交换(吸收热量),蒸发器附近被冷却了的空气通过鼓风机吹入车厢;气态的制冷剂又被压缩机抽走,泵入冷凝器。如此使制冷剂进行封闭的循环流动,不断地将车厢内的热量排到车外,使车厢内的气温降至适宜的温度。

新能源汽车空调系统主要由电动压缩机、冷凝器、空气调节系统(HVAC)总成、制冷管路、PTC、暖风水管、风道、空调控制器等零部件组成。

二、新能源汽车空调系统基本检查

1. 新能源汽车空调出风口温度测量

将车辆停在阴凉处,新能源汽车正常上电,开启空调系统鼓风机,按下 A/C 开关使空调电动压缩机工作,将鼓风机调速开关调至最高速位置,将温度开关调节到最冷位置,将空调进风模式选择为外循环模式,打开汽车所有车窗,使空调制冷系统处于最大制冷负荷状态。使用测温仪测量汽车中央出风口的温度,并记录该温度值。

2. 新能源汽车空调系统压力测试

1)查阅车辆维修手册,记录待检车辆空调系统的压力值。

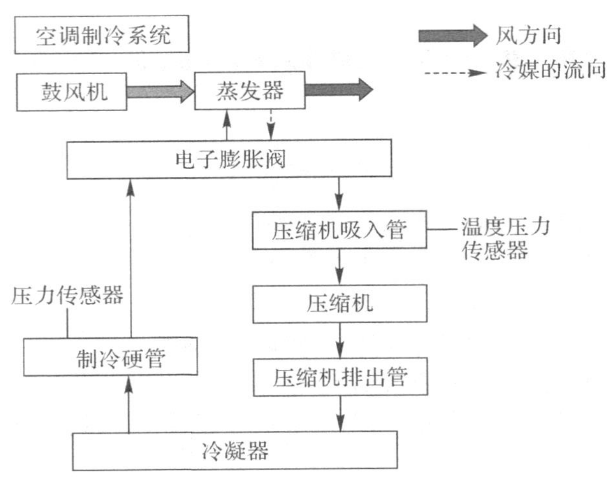

图 4-1-1 新能源汽车的空调原理图

2)将车辆停在阴凉处,打开发动机机舱盖,安装防护三件套。将歧管压力表的高低压维修软管连接到空调系统,红色高压软管连接高压检修阀,蓝色低压软管连接低压检修阀,打开压力表的高、低压手阀。新能源汽车正常上电,开启空调系统鼓风机,按下 A/C 开关使空调电动压缩机工作,将鼓风机调速开关调至最高速位置,将温度开关调节到最冷位置,将空调进风模式选择为外循环模式,打开汽车所有车窗,通过歧管压力表读取空调压力。

3. 新能源汽车空调泄漏检测

利用歧管压力表检测新能源汽车空调运行时高低压的压力值,来判断制冷剂是否泄漏。当新能源汽车空调制冷系统运行时,低压侧压力为 0.8～1.2 MPa,高压侧压力为 2.6～3.0 MPa,若运行压力值低于制冷系统的标准值,说明制冷剂有泄漏。

新能源汽车制冷系统常见的泄漏部位:电动压缩机(前后密封处、管路连接处)、冷凝器(管路连接处、冷凝器管道)、制冷管路、蒸发器(蒸发器连接处、蒸发器管路)、电子膨胀阀(管路连接处)。泄漏的检测方法主要有目视检测法、肥皂水检测法、电子卤素检测法、真空检测法、加压检测法。

三、新能源汽车空调系统制冷剂的回收与加注

在新能源汽车维修过程中,如果空调系统出现管路泄漏或者需要更换空调系统部件,首先需要对空调系统管路的制冷剂进行回收,这样可以防止其对人体造成伤害,同时可以保护环境,减少对大气的污染。在空调系统维修结束后,需要对空调系统管路进行抽真空和定量加注制冷剂作业,使空调系统恢复正常。

1. 制冷剂回收

为了确保空调系统的制冷剂完全回收,在回收前需事先运行空调系统。使新能源汽车正常上电,启动车辆时需要踩住制动踏板,检查驻车制动器,变速器挡位应处于 P 挡,以免造成溜车。打开鼓风机,将鼓风机开关调至最大风速挡,打开 A/C 开关,运行空调系统。将温度开关调节到最冷位置,将空调进风模式选择为外循环模式。正常运转 3 min,让空调系统中的制冷

剂充分循环，以便充分回收制冷剂。在完成空调系统的循环以后，使用专用设备回收制冷剂。

2. 制冷剂加注

1）打开制冷剂回收加注机电源开关，显示制冷剂回收加注机的工作罐质量并将回收前的质量数值记录在作业记录表中。使新能源汽车正常上电，启动正常制冷装置，运行3～5 min，按下“回收”键，进入回收程序。

2）正确连接管路，将高、低压快接接头正确连接至制冷系统的快接接头并打开高、低压手阀，打开制冷剂回收加注机高、低压阀。使制冷剂回收加注机进入清理管路模式，完成后进入制冷剂回收，当压力达到负压时，停止回收制冷剂，记录回收的制冷剂的质量，进行排油，记录排出的油量。

3）进行第一次抽真空，达到要求的真空度后持续时间应该不少于15 min，打开高、低压阀，启动抽真空程序，抽真空系统真空度低于−90 kPa，再抽真空时，仪器同时进行工作罐中制冷剂的净化，抽真空时间充足后，仪器自动停止真空泵工作，制冷剂回收加注机对空调系统进行泄漏检测。

4）加注压缩机油，采用单管加注，关闭低压阀，打开高压阀，加注机油的量参考汽车维修手册，加到量后及时停止加注。加注制冷剂的量参考汽车维修手册，打开低压阀，关闭高压阀，加到量后及时停止加注。加注结束，关闭高、低压快接接头，将加注软管与制冷系统断开，清理管路，在制冷剂回收加注机对管路进行清洁后退出，擦拭快接接头和连接阀门，关闭电源。

四、新能源汽车空调系统制冷不良故障及其排除

1. 压力传感器

（1）压力传感器电路图

压力传感器电路图如图4－1－2所示。

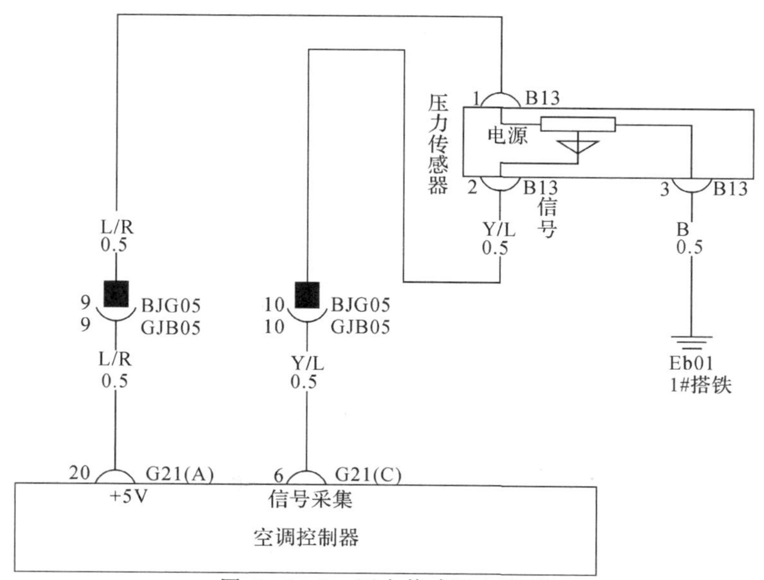

图4－1－2 压力传感器电路图

(2)检查线束

1)断开空调压力开关接插件 B13。

2)断开空调控制器接插件 G21(A)、G21(B)、G21(C)。

3)测线束端电压或电阻,线束标准值见表 4-1-1。

表 4-1-1 线束标准值

端子	线色	正常情况
G21(A)-20—B13-1	L/R	小于 1 Ω
G21(C)-6—B13-3	Y/L	小于 1 Ω
G16-2-车身地	B	小于 1 Ω

(3)检查制冷剂压力

用歧管压力表和制冷剂回收加注机的压力计检查空调制冷剂压力,其标准值见表 4-1-2。

表 4-1-2 制冷剂压力标准值

位置	压力
低压侧	0.8~1.2 MPa
高压侧	2.6~3.0 MPa

2.蒸发器温度传感器

(1)蒸发器温度传感器电路图

蒸发器温度传感器电路图如图 4-1-3 所示。

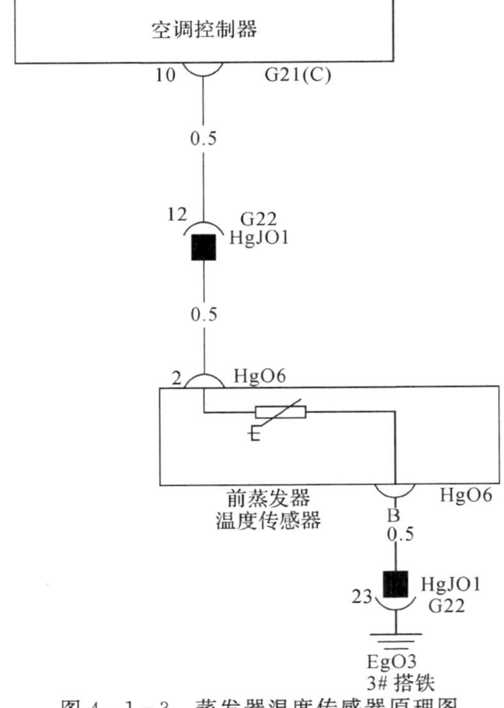

图 4-1-3 蒸发器温度传感器原理图

(2)检查蒸发器温度传感器

断开蒸发器温度传感器连接器 HG06,取下蒸发器温度传感器。按照表 4-1-3 测量阻值。

表 4-1-3　温度传感器标准值

端子	温度/℃	下限值/kΩ	上限值/kΩ
1—2	−20	14.82	16.38
	0	5.081	5.559
	10	3.101	3.359
	15	2.466	2.644
	20	1.946	2.106
	30	1.276	1.354
	40	0.845	0.897

(3)检查线束(蒸发器温度传感器—ACECU)

断开空调系统连接器 G21(C)(见图 4-1-4),断开蒸发器温度传感器 HG06,检查端子间阻值,其标准值见表 4-1-4。

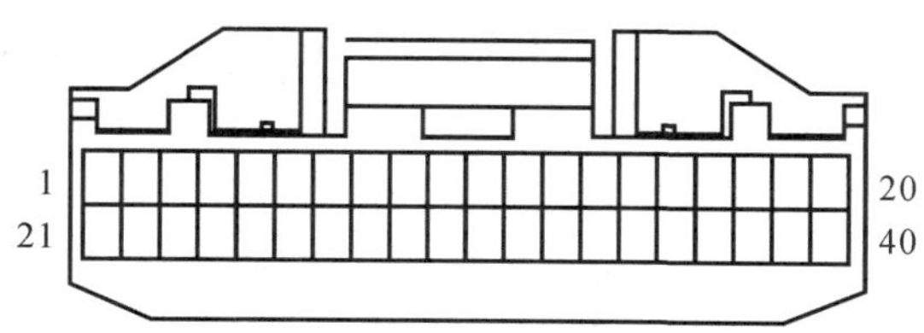

图 4-1-4　空调系统连接器 G21(C)插头示意图

表 4-1-4　端子线束标准值

端子	线色	正常情况
G21(C)-10—HG06-2	Br	小于 1 Ω
HG06-1—车身地	B	小于 1 Ω
HG06-1—HG06-2		大于 10 kΩ

【课程考核】

新能源汽车空调制冷不良的故障诊断与排除考核表			
班级：	姓名：	学号：	
序号	评价要点	配分	得分
1	能正确识读和填写工作页，明确学习活动任务	5	
2	能查阅资料，写出压力传感器的结构和工作原理	10	
3	能查阅资料，写出压力传感器的控制原理	10	
4	能按照工作流程检测空调系统压力	10	
5	能按照规范流程检测空调系统泄漏情况	5	
6	能识读空调系统压力传感器控制电路图	20	
7	能分析空调压力系统常见故障	20	
8	能检测压力传感器线路及传感器	10	
9	能遵守操作规范，认真完成工作任务	5	
10	能按要求按时完成任务	5	

任务二　新能源汽车空调供暖不良故障的诊断与排除

【学习目标】

1)能描述新能源汽车暖风系统供暖原理。

2)能描述新能源汽车暖风系统组成及结构。

3)能识读空调暖风系统传感器控制电路图，并完成空调暖风系统传感器的检修，能分析空调暖风系统传感器简单故障。

4)能掌握空调暖风系统的故障诊断与排除方法。

5)能对新能源汽车维修场地进行日常维护保养，按8S管理规定要求清理现场。

【情景导入】

某新能源汽车已使用8年，行驶里程100 000 km，客户反映近段时间无暖风，经与客户沟通及初步检查可知，该车制冷、送风无异常，空调无维修记录，之前也未出现此类情况，车辆按“车主手册”要求定期维护保养。现需要对暖风系统进行故障诊断与排除，班组长指派你小组执行此项任务维修作业，一个工作日后交车。

【学习过程】

一、新能源汽车空调暖风系统的结构及工作原理

新能源汽车供暖原理(见图 4-2-1)：供暖系统采用正温度系数(PTC)水加热器总成加热冷却液，冷却液先由水泵抽空调暖风副水箱总成内的冷却液泵进 PTC 水加热器总成，加热后的冷却液流经暖风芯体，再回至空调暖风副水箱总成，如此循环。加热后的空气，通过鼓风机鼓风将热量送至乘员舱或风窗玻璃，用以提高车厢内温度和除霜。

新能源汽车暖风系统主要由水泵、PTC、暖风水管、暖风芯体等零部件组成。

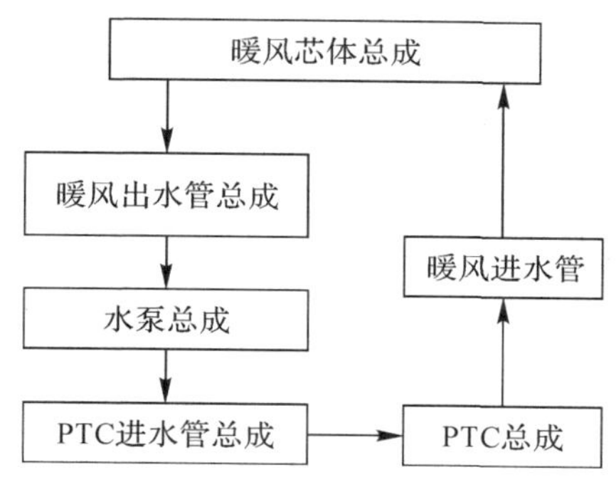

图 4-2-1　新能源汽车供暖原理图

二、空调暖风系统的故障及其排除

1. PTC 系统的诊断与检测

(1)PTC 电路

PTC 加热器采用热敏陶瓷元件，由单片元件组合后与波纹散热铝条经高温胶黏结而成，具有热阻小、换热效率高的显著优点。它的最大特点在于安全，即遇风机故障停止转动时，PTC 加热器因得不到充分散热，功率会自动急剧下降，此时加热器的表面温度维持限定温度(一般为 240 ℃左右)从而不致产生电热管类加热器表面的“发红”现象，排除了发生事故的隐患。

PTC 电路的电阻值会随着热敏电阻本体温度的变化呈现出阶跃性的变化。其原理如图 4-2-2 所示。

(2)PTC 绝缘检测

电动汽车的空调取暖系统 PTC 加热器需要高压部件，需要检查 PTC 正、负极的绝缘性是否符合技术要求。以比亚迪 e5 新能源汽车为例，其检查方法为：在高、低压断电及电容放电后，根据高压电控总成接口所示，用数字绝缘测试仪在 DC 500 V 下测试 PTC 正、负极与车身之间的绝缘电阻是否大于 500 MΩ，若未达到，则必须更换。

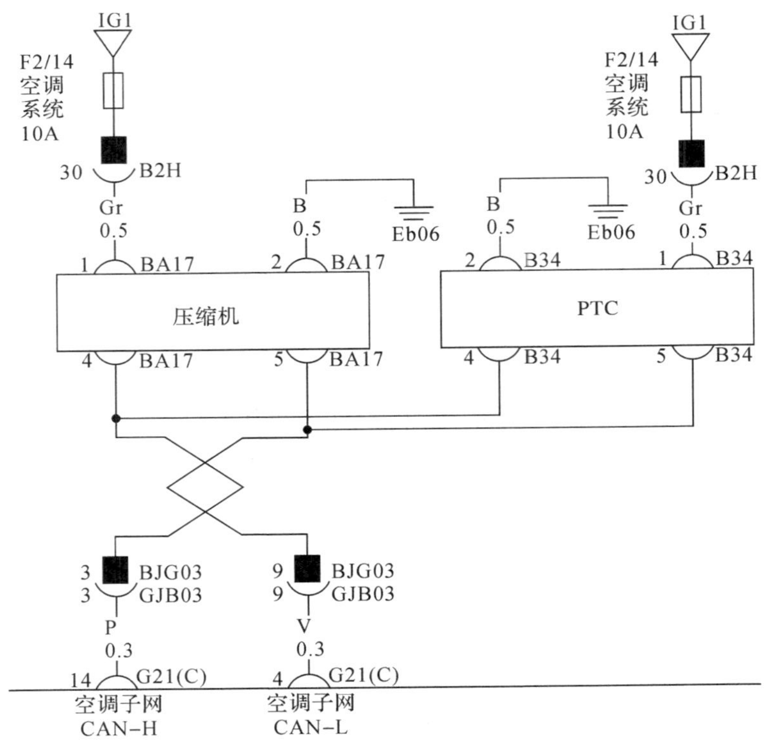

图 4-2-2 新能源汽车供暖 PTC 原理图

【课程考核】

新能源汽车空调供暖不良的故障诊断与排除考核表			
班级：	姓名：	学号：	
序号	评价要点	配分	得分
1	能正确识读和填写工作页，明确学习活动任务	10	
2	能查阅资料，写出 PTC 的结构和工作原理	20	
3	能查阅资料，写出 PTC 的控制原理	20	
4	能按照工作流程检测 PTC 的绝缘阻值	30	
5	能遵守操作规范，认真完成工作任务	10	
6	能按要求按时完成任务	10	

项目五

新能源汽车高压系统故障诊断与排除

任务一　新能源汽车无法充电故障的诊断与排除

【学习目标】

1)能根据仪表显示的现象、故障码、数据流及电路图分析故障原因。

2)能制定无法交流充电故障诊断流程。

3)能根据制定的诊断流程对交流充电系统进行故障诊断。

4)能根据诊断结果判定故障点,并对故障点进行维修或更换故障元器件。

【情景导入】

某客户发现其比亚迪新能源纯电动汽车无法充电,该客户将车辆开到4S店进行诊断与维修。维修人员确认故障信息后,发现该车装配有交流充电系统,车辆连接充电器系统显示未进行充电。现在4S店将维修任务派给你进行检测与维修。

【学习过程】

该车型装有交流充电系统,客户能利用交流充电桩或车载充电器进行充电。交流充电是指通过传导的方式,按照一定的充电模式,将交流电源调整为校准的电压或电流,为汽车动力蓄电池等储能装置提供电能。交流充电线束连接交流充电接口和车载充电机,将交流充电桩输入的220 V交流电输送到车载充电机。

交流充电系统主要部件为供电设备(电缆保护盒、充电桩及充电线等)、交流充电接口、车内高压线束、高压配电盒、车载充电机、动力电池、整车控制器和低压控制线束等。

在OFF挡或ACC挡,充电枪插入后,充电连接(CC)检测由悬空变为接地(如果辅助控制模块处于睡眠状态,则CC检测唤醒辅助控制模块),通过硬线唤醒持续高电平,确认连接后辅助控制模块进行充电控制(CP)检测,待辅助控制模块检测到控制器局域网总线(CAN-BUS)上有来自汽车整车控制器(VCU)的报文时,将CC、CP状态及检测结果发送到CAN-BUS上,待辅助控制模块检测到VCU转发的高压系统故障无故障之后,闭合开关S2。

在ON挡时,当充电枪插入后,CC检测由悬空变为接地,确认CC连接后辅助控制模块进行CP检测,将CC、CP状态及检测结果发送到CAN-BUS上,待辅助控制模块检测到VCU发送的高压系统无故障之后,闭合充电桩交流输出开关。

一、低压系统无法充电故障的诊断与排除

比亚迪e5汽车在行驶过程中,仪表提示“请检查充电系统,请检查低压电池系统”,汽车熄火后无法启动。

1.故障分析

根据故障现象分析,该车可能的故障原因为辅助蓄电池故障、高压电控总成故障、低压线路故障等。

(1)辅助蓄电池故障

比亚迪e5汽车所使用的辅助蓄电池是磷酸铁锂离子电池,简称磷酸铁锂电池,是用磷酸铁锂($LiFePO_4$)材料作电池正极的锂离子电池。

磷酸铁锂电池的内部结构：由橄榄石结构的 $LiFePO_4$ 作为电池正极，由铝箔与电池正极连接；中间是聚合物隔膜，它把正极与负极隔开，使锂离子（Li^+）可以通过，而电子（e^-）不能通过；由碳（石墨）组成电池的负极，由铜箔与电池的负极连接。电池的上、下端之间是电池的电解质，电池由金属外壳密闭封装。

磷酸铁锂电池在充电时，正极中的锂离子（Li^+）通过聚合物隔膜向负极迁移；在放电过程中，负极中的锂离子（Li^+）通过聚合物隔膜向正极迁移。锂离子电池就是因锂离子在充、放电时来回迁移而命名的。

单体磷酸铁锂电池的使用寿命超过 2 000 次，但电池组的寿命会大打折扣，可能只有 500 次。因为电池组由大量单体电池串、并联而成，所以电池组的整体寿命取决于使用寿命最短的那颗电池。

在电池的日常使用过程中，电池本身会出现各种故障，外部故障有容器或盖子产生裂纹、电桩腐蚀等；内部故障有极板硫化、极板活性物质脱落、自行放电、极板间短路和极板弯曲等。

该电池内部包含电池管理器，能监测电池的电压、电流和温度，电池管理器与整车控制模块进行相互通信。如果检测到锂离子电池的异常状态就会触发故障报警功能，使仪表盘上的故障指示灯点亮，同时显示信息“请检查低压电池系统”。

（2）高压电控总成故障

比亚迪 e5 汽车的 DC/DC 变换器集成在高压电控总成中，当铁电池（辅助蓄电池）电量偏低时，控制充电继电器吸合并同时发出智能充电请求给动力蓄电池 BMS，动力蓄电池 BMS 监测条件满足智能充电允许后，控制高压配电箱主吸合器工作，并通过 DC/DC 变换器放电给辅助蓄电池充电；辅助蓄电池 BMS 监测已进入智能充电模式后发送状态报文给仪表做相应提醒，满足退出条件时辅助蓄电池将做相应控制策略退出此模式。

当 DC/DC 变换器高压输入端或 DC/DC 变换器本身出现异常不能正常工作时，便会触发故障报警功能，使仪表盘上的故障指示灯点亮，同时显示信息“请检查低压电池系统”。

（3）低压线路故障

在 DC/DC 变换器正常工作时，将高压直流电转换为低压直流电，通过高压电控总成的输出端输送到正极熔丝盒，如图 5-1-1 所示，直接与辅助蓄电池正极相连，给辅助蓄电池充电。当低压线路出现问题时，辅助蓄电池不能进行充电，辅助蓄电池电压过低便会触发故障报警功能，使仪表盘上的故障指示灯点亮，同时显示信息“请检查低压电池系统”。

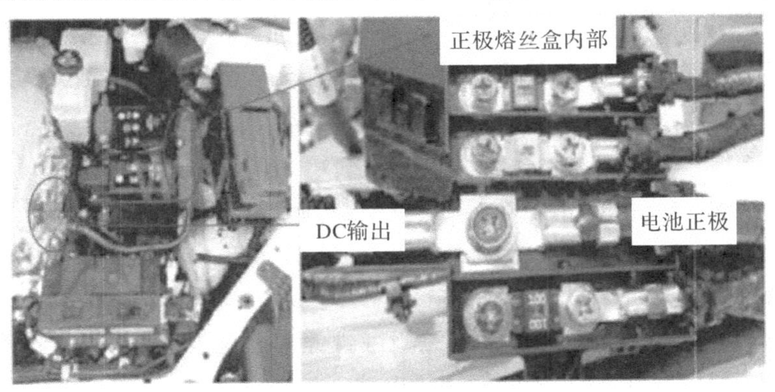

图 5-1-1 低压充电系统连接图

2.故障诊断与排除

根据对故障可能原因的分析，结合实际车辆故障现象，进行故障诊断与排除。低压系统无法充电故障诊断与排除步骤见表5-1-1。

低压系统无法充电故障诊断与排除步骤

表5-1-1　低压系统无法充电故障的诊断与排除步骤

序号	步骤
1	测量辅助蓄电池电压为0 V，判断辅助蓄电池亏电，已经进入超低功耗模式
2	按住前门微动开关进行手动唤醒，再次测量辅助蓄电池正(负)极电压为12 V(7.5 V)
3	并联辅助蓄电池起动车辆，仪表盘上充电故障指示灯点亮，提示信息“请检查充电系统，请检查低压电池系统”
4	上OK电时，用VDS解码仪读取系统故障码，分别是“降压时低压侧电压过低”和“降压时硬件故障”，说明故障点存在降压过程
5	读取电池模组数据流正常，读取DC/DC变换器系统数据显示“DC不工作”，此时测量高压电控总成(DC/DC变换器)低压输出端电压11.3 V，远低于13.8 V
6	判断DC/DC变换器不工作导致低压电池馈电，更换高压电控总成后故障排除(因高压电控总成不可拆卸，所以只能更换高压电控总成)
7	更换高压电控总成
8	更换高压电控总成后系统工作正常

注：更换高压电控总成时，需要对新、旧控制器进行密码清除和防盗编程。

3.故障总结

本次故障诊断主要通过读取系统故障码直接锁定故障点，然后通过验证DC/DC变换器的输出电压确定故障点位于DC/DC变换器，更换高压电控总成后排除故障。

在车辆行驶过程中，DC/DC变换器与辅助蓄电池并联给整车低压电器供电，当辅助蓄电池单节电压过低时，DC/DC变换器会将电池包的高压电降压给辅助蓄电池充电。当DC/DC变换器故障时，辅助蓄电池得不到充电；当辅助蓄电池单节电压低压为3.1 V时，会进入超低功耗模式。正常的DC/DC变换器输出电压为13.8 V左右。

二、充电指示灯异常、无法充电故障的诊断与排除

1.故障现象

某车主反映一辆2017款比亚迪e5纯电动汽车在插上充电枪后，仪表显示充电界面但无充电功率，并且充电连接指示灯不亮，车辆无法进行交流充电。

2.故障分析

根据故障现象推测，可能的故障原因为充电枪故障、充电接触器故障、充电口到双向逆变充放电式电机控制器(VTOG)的高压线束故障、VTOG到电池管理器的低压线束故障、

VTOG 到车身控制器(BCM)的低压线束故障等。

分析比亚迪 e5 汽车交流充电系统工作原理(见图 5-1-2),当充电枪插到充电口之后,VTOG 会通过 CP 线接收到充电确认信号,通过 CC 线检测充电连接信号(见图 5-1-3)。

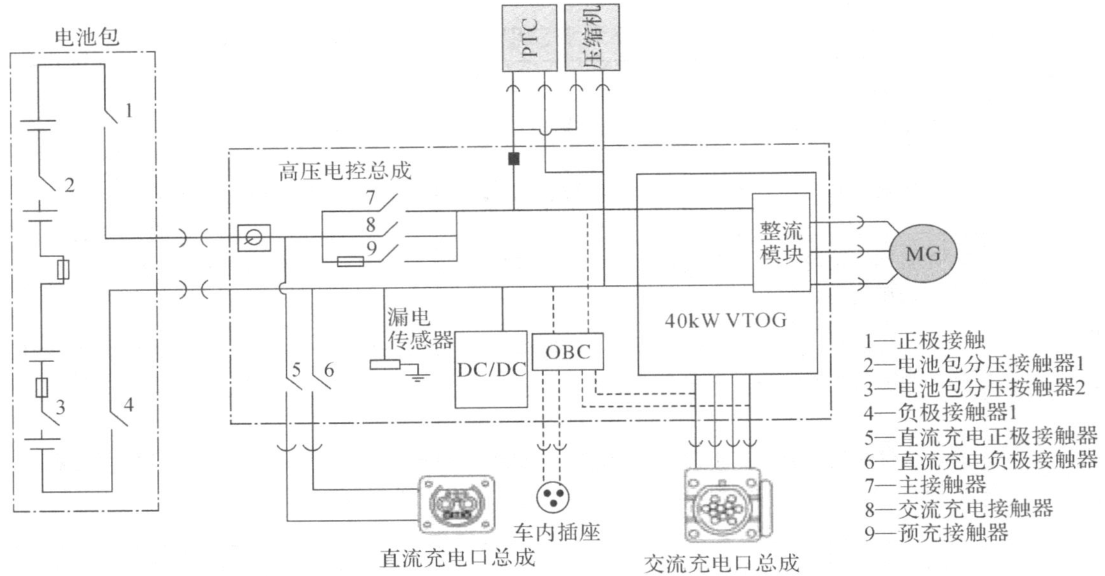

图 5-1-2　比亚迪 e5 汽车交流充电系统工作原理

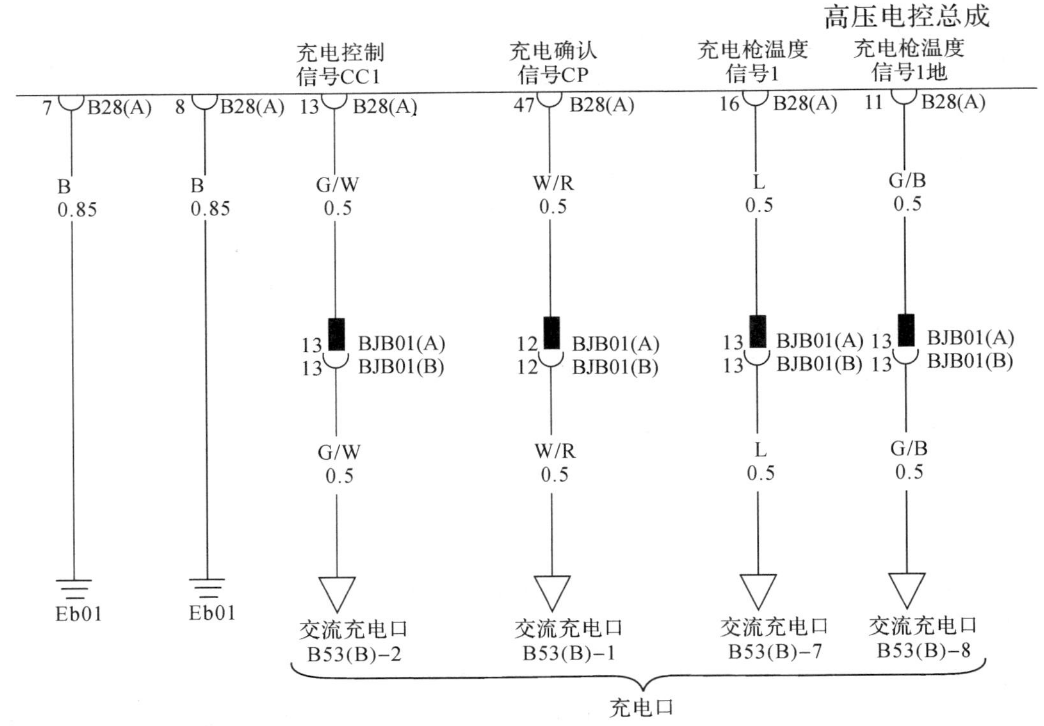

图 5-1-3　充电连接 CC、CP 电路

2. 故障分析

在检测到这两个信号之后，VTOG 会发送充电连接信号到电池管理系统(BMS)和 BCM，由 BCM 控制双路电继电器工作，双路电唤醒 DC/DC 变换器、BMS、网关以及组合仪表，双路电工作电路图如图 5-1-4 所示。

BMS 在被唤醒之后检测 VTOG 发送的充电连接信号，然后控制分压接触器、正极接触器、负极接触器、预充接触器、交流充电接触器工作，实现外部电源对车辆的交流充电。

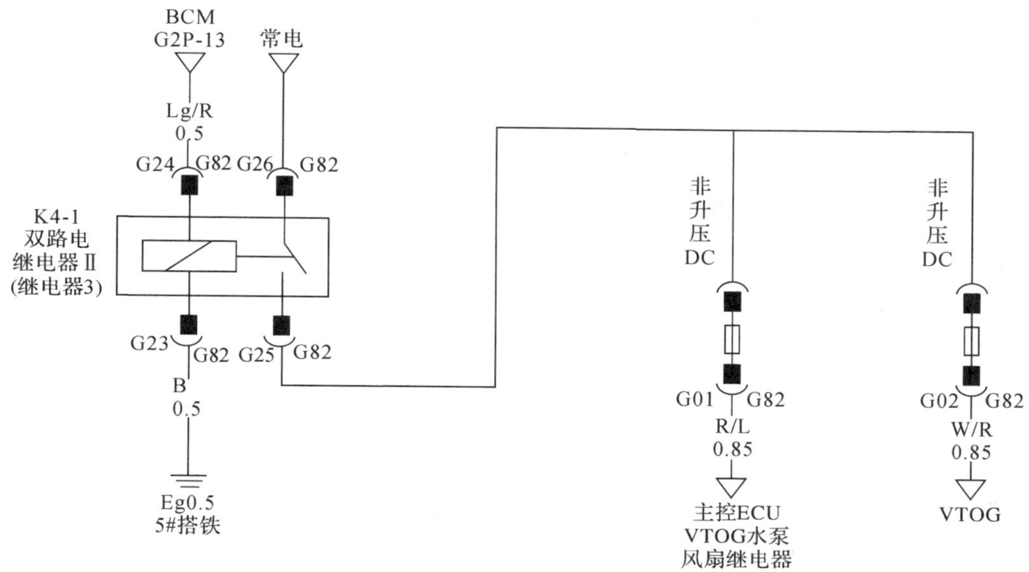

图 5-1-4　双路电工作电路图

3. 故障诊断与排除

根据对故障可能原因的分析，结合实际车辆故障现象，进行故障诊断与排除。充电指示灯异常、无法充电故障诊断与排除步骤见表 5-1-2。

表 5-1-2　故障充电指示灯异常、无法充电故障的诊断与排除步骤

序号	步骤
1	验证故障现象，确认故障
2	通过检查发现充电枪、充电口的外观、充电线束及其相关低压线束的外观与连接均正常
3	检查蓄电池电压为 13.98 V，在正常范围
4	在插有充电枪的状态下使用诊断仪读取系统故障码，发现无故障码
5	读取 BMS、BCM、VTOG 数据流，发现各系统数据流均可正常读取，可初步判断系统供电回路正常
6	诊断仪与 BMS 通信正常，说明 BMS 已经被双路电唤醒，双路电继电器工作正常

续表

序号	步骤
7	双路电继电器的工作是由 BCM 控制的，说明 BCM 工作正常
8	BCM 在接收到 VTOG 发送的充电连接信号后开始工作，说明 VTOG 工作正常
9	检查 BMS 是否收到 VTOG 发送的充电连接信号
10	拔出充电枪，断开辅助蓄电池负极
11	拆下高压电控总成的低压 64 针插头进行检查
12	检查 19 号针脚到 BMS 的连接状态，发现 19 号针脚有退针情况，可以确定故障是由 VTOG 到 BMS 的充电连接信号线断路引起的
13	将退针拆除，更换新针重新插入；将低压插头与高压电控总成紧固好后，连接辅助蓄电池负极，再次进行交流充电；约 30 s 后仪表显示充电指示灯点亮，充电功率为 1 kW，车辆恢复交流充电

4. 故障总结

本次故障诊断主要通过分析充电系统的工作原理和电路图锁定故障点，然后通过验证 BMS 与 VTOG 之间的通信故障，恢复它们之间的通信线路后排除故障。

当未收到 VTOG 发送的充电连接信号时，BMS 不会对分压接触器、正极接触器、负极接触器、预充接触器、交流充电接触器发出控制命令，高压电控总成 64 针插头 19 号针脚恰好是 VTOG 到 BMS 的充电连接信号线。当 VTOG 到 BMS 的充电连接信号线断路时，BMS 没有接收到充电连接信号，也就没有控制相应的接触器闭合，同时就没有控制仪表盘上的充电连接指示灯点亮。

将退针拆除，更换新针重新插入。将低压插头与高压电控总成紧固好后，连接蓄电池负极，再次进行交流充电。考虑到维修成本问题，可以通过拆除退针、更换新针的方式，但是如果再次出现退针情况，就只能更换整条低压线束。

【任务考核】

1. 收集信息

查阅相关资料，写出下表中实训器材的名称及用途。

	名称	用途

续表

	名称	用途

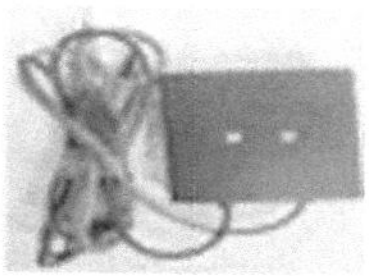		

2. 制订计划

1)准备作业工具及设备,检查工作场地和设备、设施是否清洁,是否存在安全隐患,如不合规应汇报给实训教师。

2)故障原因分析。分析充电指示灯异常、无法充电故障原因。

3)故障诊断与排除流程。编写充电指示灯异常、无法充电故障的诊断与排除流程。

4)小组分工

姓名		学号	
班级		小组成员	

3.任务实施

按计划进行故障的诊断与排除。

4.小组互评

小组选派代表进行成果展示，其余小组根据展示和阐述进行评价，并记录评价结果。

	评价标准	评价结果
1	任务目标制定是否合理	
2	任务过程表述是否清晰	
3	任务结果是否符合实际情况	
4	任务计划是否切实、有效执行	
5	任务体会是否深刻	
综合评价		

任务二　新能源汽车高压不能上电故障的诊断与排除

【学习目标】

1)通过与客户交流、查阅相关维修技术资料等方式获取车辆故障信息。

2)根据故障现象制定正确的诊断流程。

3)熟悉新能源纯电动汽车整车上、下电控制策略。

4)根据高压不上电的故障现象分析故障原因。

5)根据故障流程进行高压不上电的故障诊断与排除。

【情景导入】

一辆2017年比亚迪e5纯电动汽车，按下启动开关约1 min，仪表显示屏绿色“OK”灯未亮起，同时提示“请检查动力系统”。这意味着该车上电未成功，动力电池包无法输出高压电，因此整车无法正常使用。假如你是维修技师，你将怎么处理该车故障？

【学习过程】

一、新能源纯电动汽车整车模式说明

整车分为两个工作模式：充电模式、行驶模式。VCU由低压唤醒后，周期执行整车模式的判断。其中，充电模式优先于行驶模式。

1.充电模式

钥匙在“ON”挡同时充电中，此时关闭充电口，车辆不能上高压，需驾驶员将钥匙打到非“ON”挡，并再次调到“ON”挡时，方可上高压。充电模式必须具有充电唤醒信号、(快慢充)充电门板信号，充电模式不能直接切换到行驶模式。

2.行驶模式

整车在行驶模式中，如果检测有充电需求，VCU需先执行高压下电后，再进行正常的充电流程。

行驶模式必须具有点火钥匙“ON”挡、无充电唤醒信号、无充电门板信号，行驶模式可以切换到充电模式。

基于钥匙门位置设置，进行上、下电控制，实现整车控制系统初始化、自检、充电状态判断等功能。

整车控制器由低压蓄电池供电，其上电、下电状态由仪表板上的低压开关进行控制。

整车系统充电状态和非充电状态由充电连接线进行判断，充电线已连接为充电状态，否则为非充电状态，紧急停车模式为整车处于最高故障等级进行下电处理。

二、新能源纯电动汽车整车上电控制策略

1. 整车上、下电控制策略的目的

新能源纯电动汽车上、下电控制策略开发设计的目的在于：在已有整车动力系统结构的前提下，通过采集钥匙及踏板等驾驶员动作信号，并通过 CAN 总线、电池管理系统(BMS)及电动机控制器(MCU)等子系统进行通信，来控制整车高压上、下电安全；同时在上、下电过程中，力求准确诊断出整车动力系统的高压故障并迅速采取相应处理措施。

2. 整车上电控制过程

新能源纯电动汽车的上电过程分为低压上电和高压上电。当点火钥匙在“ON”挡时，VCU、BMS、MCU 等整车所有零部件低压上电；此时，BMS、MCU 当前状态正常且不满足整车充电条件，开始执行高压电。上电注意事项：挡位处于“P/N”挡，踩刹车上电。

(1)初始化

VCU 上电后的准备阶段，该时间段包含 VCU 的基本配置和自检，VCU 自检完成之后，充电连接(Chargeline)为 0 且接通(Key On)为 1，则进入下一个过程。

(2)唤醒 BMS

BMS 由 VCU 控制唤醒，唤醒 BMS 后，等待与 BMS 的通信。BMS 通信连接后，BMS 通信无故障并且电池允许上电，则进入下一个判断过程；若 BMS 报故障，则终止上电过程，整车状态进入 BMS 故障模式。

(3)唤醒 MCU

MCU 由 VCU 直接发布命令，随后 MCU 等待与 CAN 通信连接，CAN 通信正常连接后，接收 MCU 上报的故障状态，若 MCU 允许上电，则完成高压电上电前的准备过程，进入高压电上电控制。

在上面三个过程中，实时监控驾驶员的钥匙请求，当 Key On 为 0 后，进入低压电的下电流程。

(4)上高压

VCU 发送高压上电命令，BMS 执行预充继电器指令，完成电量总正和总负的控制。VCU 通过 CAN 信息实时监控电池状态，当高压电状态为连接、电池单体电压差在允许范围内且电池允许放电三个条件同时满足后，进入高压电准备完毕状态。在这个阶段如果监控到 Key On 为 0，则进入高压电的下电流程。当 DC/DC 正常工作，气泵正常工作，且气压达到一定值时起动(Key Start)为 1，则进入车辆正常运行模式，完成整车上电过程。

在这个阶段如果 Key On 为 0，则进入下电流程。

三、新能源纯电动汽车整车下电控制策略

1. 降负载阶段

将 DC/DC 和气泵关闭，同时驱动电动机扭矩降低。在驱动电动机转速小于某个值后，进入高压电下电流程。

2. 高压电下电阶段

在 VCU 监控判断满足条件之后，发送命令给 BMS 进行下电，同时 VCU 监控高压电状态。在高压电下电完成之后，进入低压下电阶段。

3. 低压下电阶段

VCU 向 BMS、MCU 发送下电请求，等待 BMS、MCU 进行数据保存。当 BMS、MCU 允许下电之后，对 VCU 进行下电。

注意：在充电模式下，BMS 唤醒和高压电上电过程由充电机进行控制，VCU 主要起监控和必要的保护作用，在充电模式下 Key Start 和加速踏板将不起作用。在紧急故障模式下，主要处理高压电的紧急下电和对低压电进行处理。

【任务实施】

1. 新能源汽车高压不能上电故障现象了解

一辆 2017 年比亚迪 e5 纯电动汽车按下起动开关约 1 min，仪表显示屏绿色“OK”灯未亮起，同时提示“请检查动力系统”，这意味着该车上电未成功，动力电池包无法输出高压电，因此整车无法正常使用。

2. 比亚迪 e5 纯电动车高压不能上电故障原因分析

比亚迪纯电动汽车的工作原理如图 5-2-1 所示。

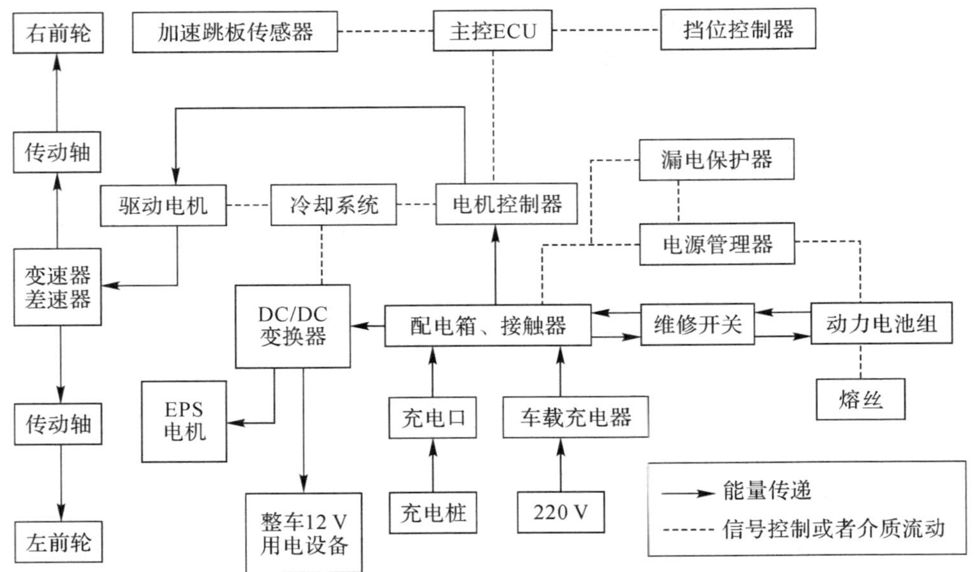

图 5-2-1　比亚迪纯电动车工作原理

电源接通，汽车前进时，主控 ECU 接收挡位控制器、加速踏板及角度传感器等各方面信息，传递给电动机控制器，以控制流向前驱电动机的电流。这时电池组电流通过维修开关、配电箱、接触器之后，一路经过电动机控制器向前驱动电动机供给需要的电流，从而使得驱动电动机运转，通过变速器、差速器和传动轴，带动左右前轮转动，使汽车运动；另一路经过 DC/DC 转换器，将电池组高压直流电转换成低压电，提供给电动转向系统(EPS)等用电设备使用。同时电池组接受电池管理器管理，把电池组的瞬时电压、电流、温度以及存电情况等信息传递给电源管理器，以防止电池组过放电或温度过高损坏电池组。若发生漏电情况，漏电保护器起作用。一旦发生紧急短路等情况，保护装置熔丝立即熔断保护。

根据比亚迪 e5 纯电动车的高压控制系统的结构与工作原理，接车后验证故障现象，属实。根据故障现象分析可能的故障原因：

1)车辆受到碰撞；

2)低压电池故障；

3)动力电池包电压过低；

4)动力电池包对车身漏电；

5)高压互锁线路断开。

3. 新能源汽车高压不能上电故障诊断

(1)车辆受到碰撞

新能源汽车由于技术的限制，在实际驾驶、使用的过程中有着很多潜在的安全隐患，主要表现在以下几方面：当车辆涉水行驶时，电池组可能会被淹没，高压线路容易短路，从而可能导致瞬间高压触电危险；当车辆发生碰撞或翻车时，车身变形有可能导致动力系统高压短路，瞬间产生强大的电流，有可能引发爆炸的危险。

因此，新能源汽车的安全防护措施大致有以下几个方面：使用高压大电流继电器充当安装维修开关，可以有效解决维修纯电动汽车动力系统时高压触电的问题；当车辆涉水或碰撞发生短路时，电子控制单元将其断开，整车断电，确保安全；动力电池包配套有温度热敏电阻，电池管理系统实时测量动力电池组温度与电阻变化规律，保障行车安全；新能源汽车绝缘检测系统采用偏置电阻切换检测原理，实时检测动力蓄电池正负极对地电阻，采用高压接触器快速切断故障高压回路，能有效保障车辆安全运行；当车辆发生碰撞事故时，电子控制系统根据碰撞传感器信号进行数据处理分析，切断高压输出，从而确保人员的安全。

经询问客户得知，该车自购买以来未受到碰撞，车辆和电池所处环境均在正常使用范围，所以排除因车辆受到碰撞而引起不上电的故障。

(2)低压电池故障

新能源车型基本都装配了低压铁电池，低压电池内部包含电池管理器，其通过通信口与整车模块交互信息。低压电池有电压、电流和温度检测功能，当存在异常状态时会触发故障报警。当铁电池故障报警时，仪表上故障指示灯点亮，同时显示“请检查低压电池系统”。

当汽车起动时，低压铁电池提供 12 V 低压电路(见图 5－2－2)，为电动车管理器提供 12 V 电源电压。假如低压铁电池电压过低，将导致电动车管理器无法正常工作，从而导致车辆无法上电。经检查低压电池电压为 13.5～14 V(见图 5－2－3)，正常，相关线束接插良好。

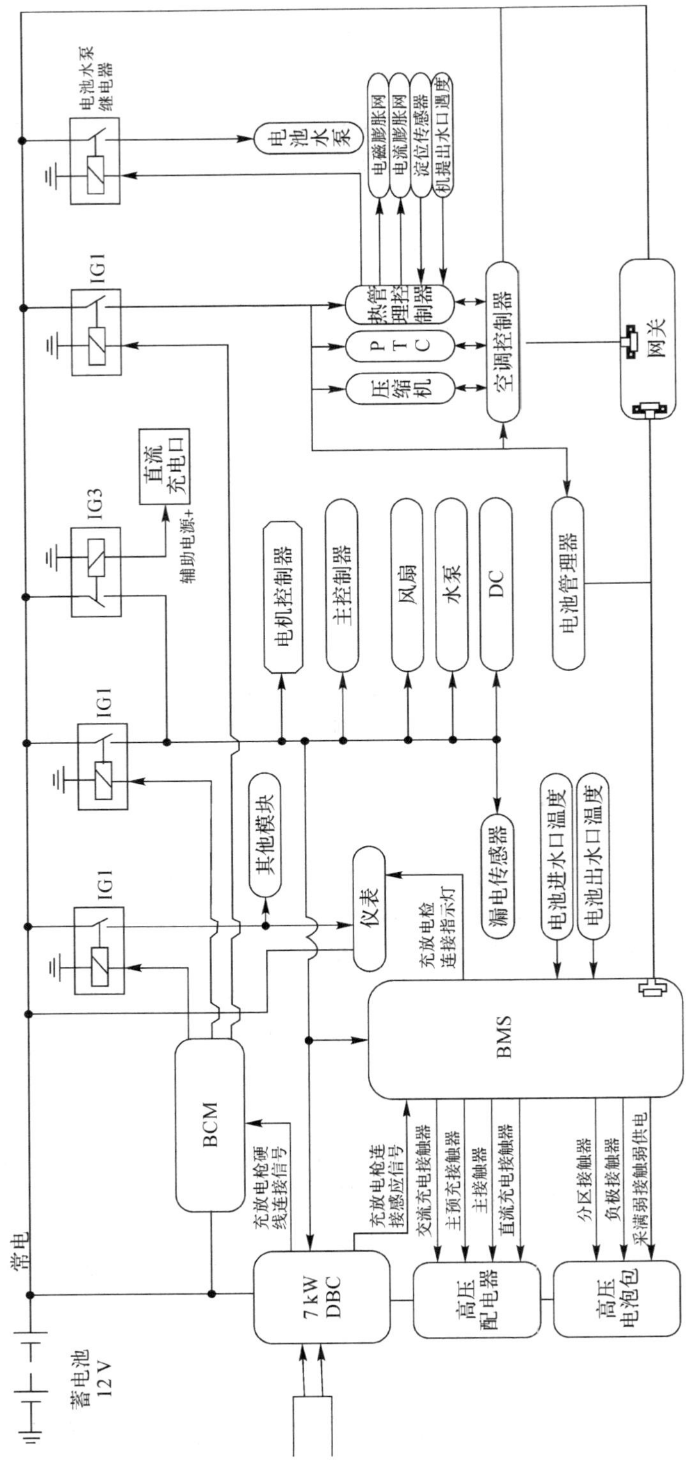

图 5-2-2　比亚迪e5低压电器

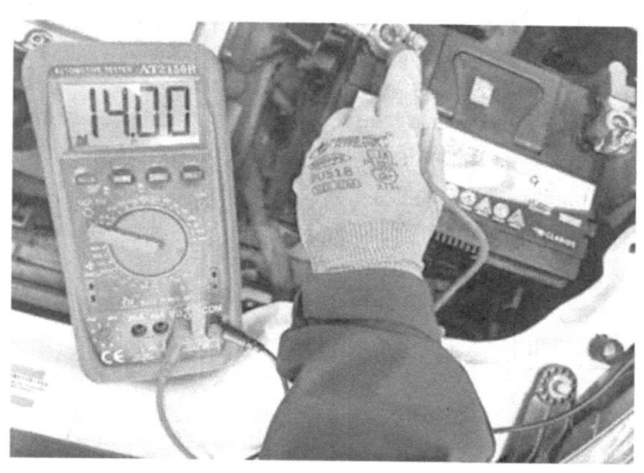

图 5－2－3　检查低压电池电压

(3)动力电池包电压过低

动力电池的端电压是指动力电池在脱离原连接线路的情况下，使用万用表的 DC 电压挡或用电压表直接测量动力电池两端的电压。被测动力电池端电压在额定电压左右，不能低于额定电压的 5%，不足额定电压 5%即为欠压或可能已失效的动力电池。若经过充电或激活充电后端电压仍达不到上述参数，即为失效动力电池。

经测量，动力电池电压为 646 V(见图 5－2－4)，正常，相关线束接插良好。

比亚迪 V5.30

项目	数值	范围	单位
漏电次数	2	0...65535	次
SOC	43	0...100	%
电池组当前总电压	646	0...1000	伏
电池组当前总电流	0.8	-500...1000	安培
最大允许充电功率	83.8	0...500	kw
充电次数	108		
单次充电电量	0	0...500	AH
单次放电容量	0		AH
最大允许放电功率	145.9	0...500	kw

图 5－2－4　检查动力电池电压

(4)动力电池包对车身漏电

新能源汽车高压系统设置有漏电传感器，主要用于对电动汽车直流动力电源主线与其外壳及车身底盘之间的绝缘阻抗进行检测。通过检测与动力电池输出相连接的负极导线与车身底盘之间的绝缘电阻大小，来判断高压部件的漏电程度，不同车型漏电传感器安装位置不同，比亚迪车型的漏电传感器安装于车身后包围搁物板前加强横梁上。当动力电池包或高压部件有漏电时，传感器会发出一个信号给电池管理控制器。电池管理控制器接收到漏电信号后，会采取禁止充、放电等相关保护措施并报警，从而防止动力电池包及高压部件的高压电外泄，造成人或物品的伤害和损失。

如图 5-2-5 所示，漏电传感器主要是检测与动力电池包负极相连接的导线与车身底盘之间的绝缘电阻，通过阻值来判断动力电池包及系统高压部件的漏电程度。当负极到车身之间的绝缘阻值为 100～500 Ω/V 时，为一般漏电；大于 100 Ω/V 时，为严重漏电。

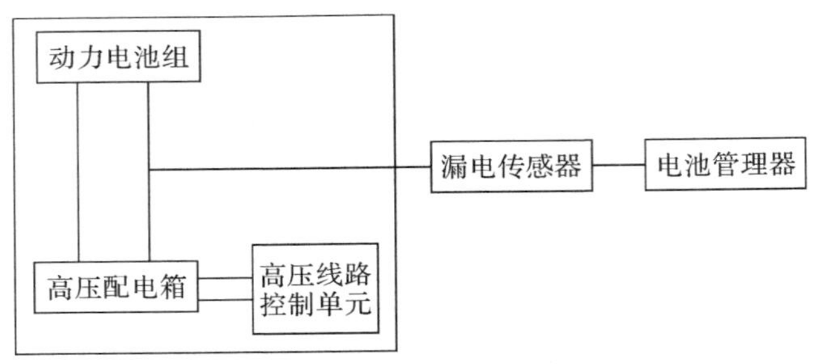

图 5-2-5　漏电传感器工作原理图

断开低压电池负极，断开动力电池导线连接器与四合一控制器连接端，检查动力电池包对车身绝缘情况，DC＋和 DC－对搭铁绝缘电阻均大于 550 MΩ（见图 5-2-6），说明绝缘良好，排除了动力电池包对车身漏电的故障。

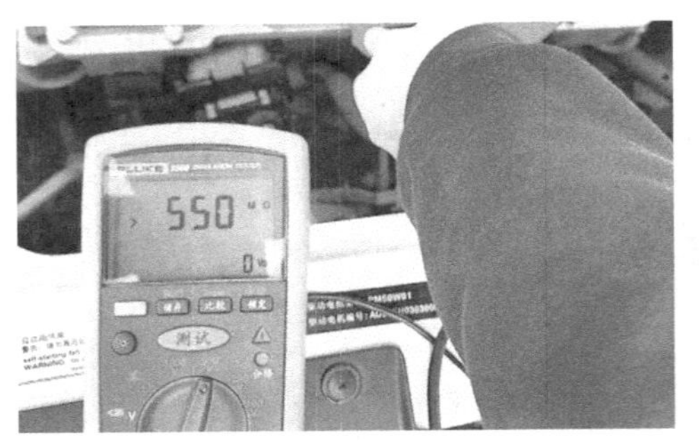

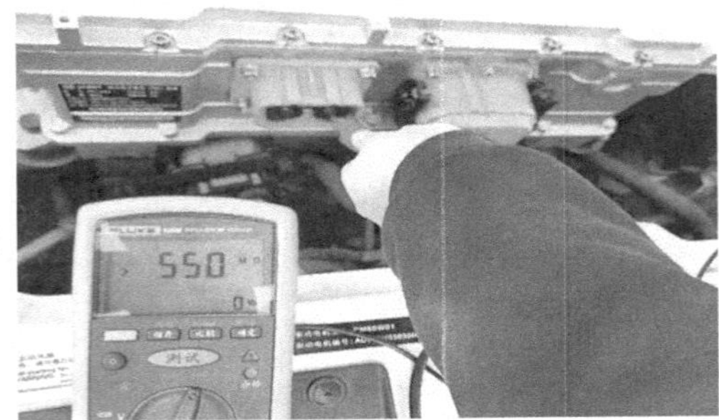

图 5-2-6　检测 DC＋和 DC－对搭铁绝缘电阻

（5）高压互锁线路断开

使用道通 908 诊断仪进行检测，显示动力模块-电池管理系统有故障码（见图 5-2-7）。读取车辆故障码，显示故障码为 PlA6000，即高压互锁 1 故障（见图 5-2-8）；读取数据流，显示高压互锁 1 锁止、高压互锁 2 未锁止、高压互锁 3 未锁止（见图 5-2-9）。

查阅资料了解到，高压互锁保护是确保在高压系统某部分被断接或暴露的情况下，车辆高压系统能够立刻断开，防止连接松动或断路造成人员与车辆出现安全事故。

比亚迪
1 动力模块-主控制器 通过 | 无故障
2 动力模块-电池管理系统
3 动力模块-主动泄放控制器 -!-
4 动力模块-DC-DC总成模块 通过 | 无故障
5 动力模块-档位控制器 通过 | 无故障
6 动力模块-低压电池管理系统 通过 | 无故障
报告
清除故障码
确定
暂停
回退

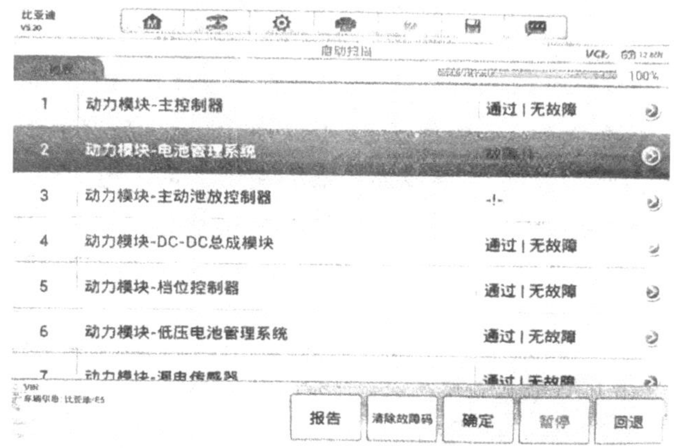

图 5-2-7　动力模块-电池管理系统有故障码

比亚迪
预充状态 未预充
主接触器状态 断开
负极接触器状态 断开
预充接触器状态 断开
充电接触器状态 断开
正极接触器状态 断开
分压接触器1状态 吸合
分压接触器2状态 吸合
高压互锁1 未锁止

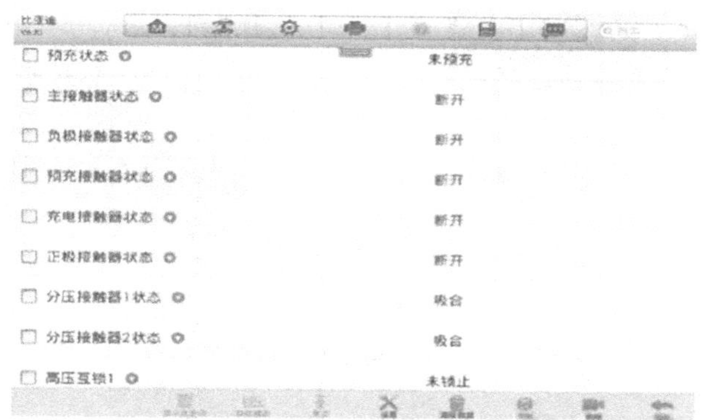

图 5-2-8　故障码 PLA6000 高压互锁 1 故障

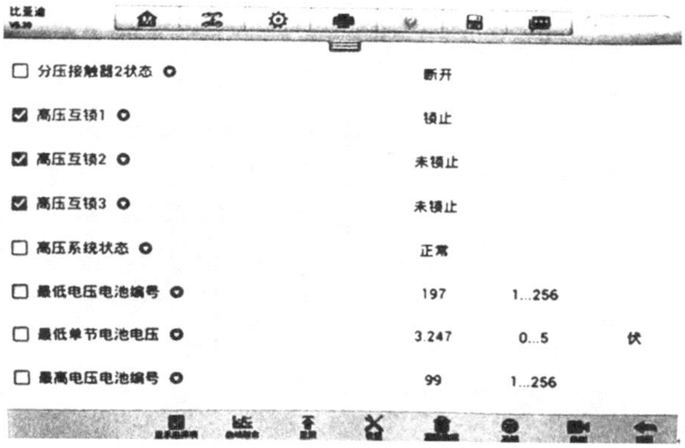

比亚迪
分压接触器2状态 断开
高压互锁1 锁止
高压互锁2 未锁止
高压互锁3 未锁止
高压系统状态 正常
最低电压电池编号 197 1...256
最低单节电池电压 3.247 0...5 伏
最高电压电池编号 99 1...256

图 5-2-9　高压互锁数据流

查阅维修手册可知，比亚迪 e5 的高压互锁保护工作原理是，在低压电路中串联互锁常闭触点，常闭触点在高压插接件内，当某路高压电插接件松动或脱落时，高压断路，低压常闭触点断开，串联回路也跟着断开。这样 BMS 检测到高压后，通过控制多路接触器，主动断开高压电路，确保人员与车辆安全。

比亚迪 e5 的高压互锁回路由高压电控总成、动力电池包、电池管理器和 PTC 组成，依次将高压电控总成低压导线连接器的端子 22、PTC 的端子 2 和端子 1、电池管理器的 02 导线连接器的端子 7、电池管理器的 01 导线连接器的端子 1、动力电池包导线连接器的端子 9、动力电池包导线连接器的端子 14 和高压电控总成低压导线连接器的端子 23 串联起来，如图 5-2-10 所示。

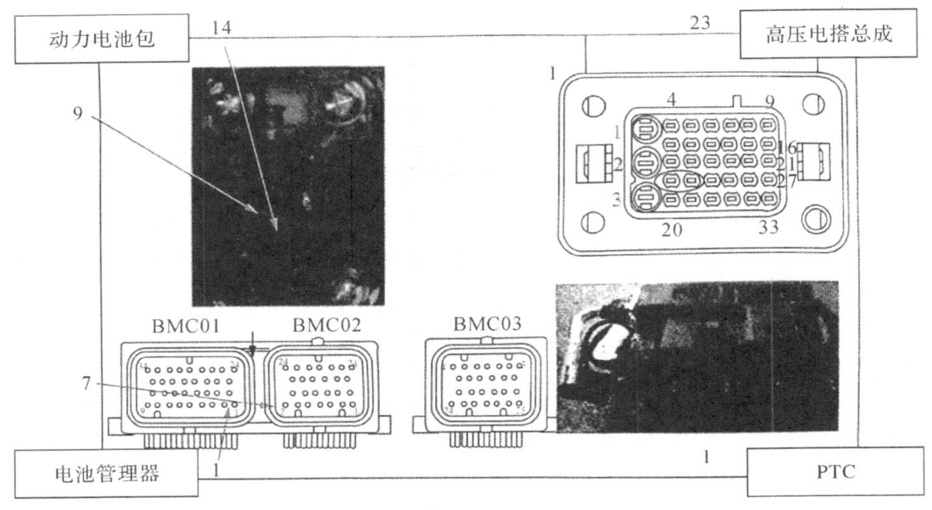

图 5-2-10　高压互锁电气原理图

根据比亚迪 e5 高压互锁电气原理，检测高压互锁每段导线是否导通。

断开低压电池负极，断开高压电控总成低压接插件 B28(B)与电池管理器低压接插件 BMC02，测量高压电控总成低压接插件 B28(B)-23 与电池管理器低压接插件 BMC02-7 电阻为 0，导通，正常，如图 5-2-11 所示。

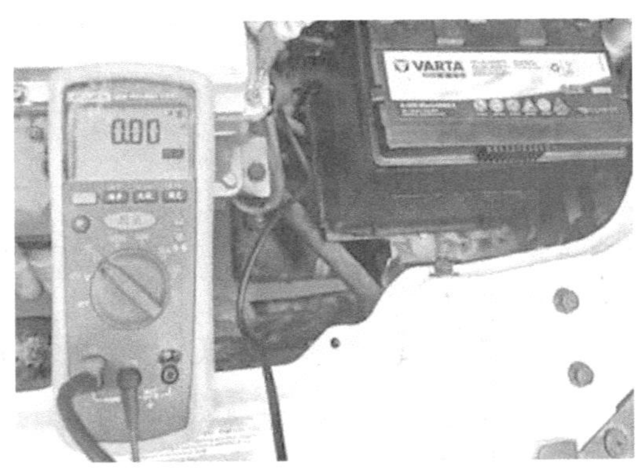

图 5-2-11　测量 B28(B)-23 与 BMC02-7 电阻

断开低压电池负极，断开电池管理器低压接插件 BMC01 与 PTC 互锁端子接插件，测量电池管理器低压接插件 BMC01 - 1 与 PTC 互锁端子 1 电阻为 0，导通，正常，如图 5 - 2 - 12 所示。

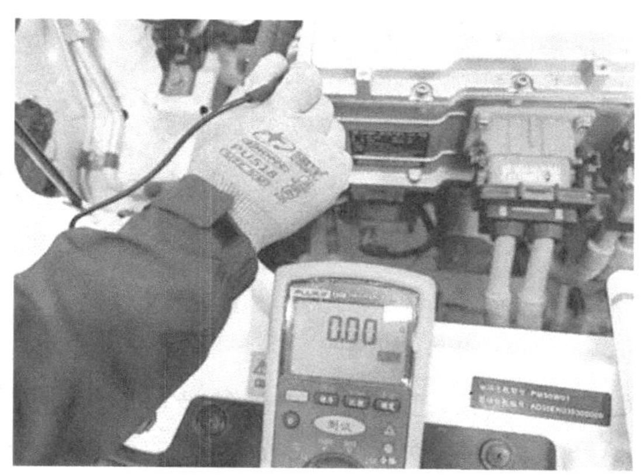

图 5 - 2 - 12　测量 BMC01 - 1 与 PTC 互锁端子 1 电阻

断开低压电池负极，断开高压电控总成低压接插件 B28(B)与 PTC 互锁端子接插件，测量高压电控总成低压接插件 B28(B)- 22 与 PTC 互锁端子 2 电阻为无穷大，断路，如图 5 - 2 - 13 所示。

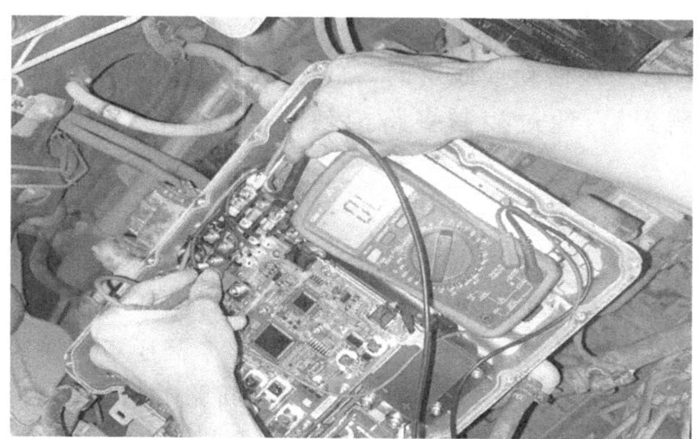

图 5 - 2 - 13　B28(B)- 22 与 PTC 互锁端子 2 电阻

随后检查高压电控总成低压接插件 B28(B)与 PTC 互锁端子接插件之间的高压互锁线束，检查 PTC 加热器上的互锁线束有挤压的情况，拨开线束保护壳，发现 PTC 加热器互锁线束断路，如图 5 - 2 - 14 所示。询问车主，车主反映前段时间因左前大灯灯泡不亮，更换了左前大灯灯泡，可能在更换大灯灯泡时挤压了 PTC 加热器上的互锁线束，导致故障的存在。

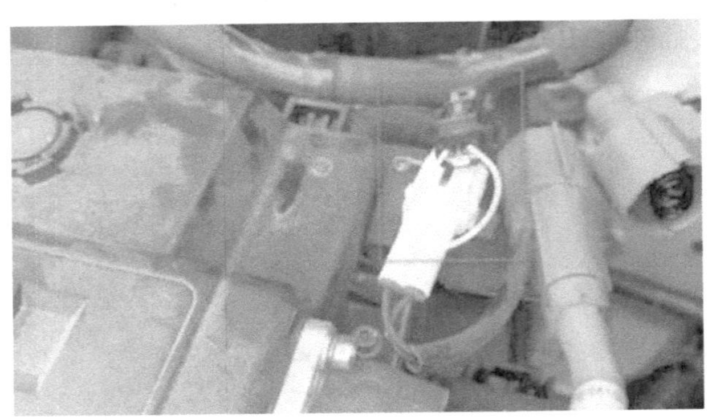

图 5-2-14　PTC 加热器互锁线束断路

最后接好 PTC 加热器互锁线束，连接低压电池负极，打开点火开关，仪表"OK"灯亮，上电成功。使用道通 908 诊断仪读取车辆信息，无故障；读取数据流，显示高压互锁 1 未锁止、高压互锁 2 未锁止、高压互锁 3 未锁止，正常。根据上述检查判断故障原因为 PTC 加热器互锁线束损坏。

4. 新能源汽车高压不能上电故障排除

接好 PTC 加热器互锁线束，接好低压电池负极，重新上电，约 1 min 后仪表显示屏绿色"OK"灯亮起，上电成功，故障清除。

5. 新能源汽车高压不能上电故障案例分析

比亚迪 e5 的高压互锁保护是在低压电路中串联互锁常闭触点，常闭触点在高压插接件内。当某路高压电插接件松动或脱落时，高压断路，低压常闭触点断开，串联回路也跟着断开。BMS 在检测到后，通过控制多路接触器，主动断开高压电路，确保人员与车辆安全。

(1)高压互锁的定义和作用

1)根据 ISO6469 国际标准《电动道路车辆安全规范》中所规定的，电动车[包括 BEV(纯电动)、PHEV(插电混动)等车型]的高压部件(及其接插件)都应具有高压互锁 HVIL 装置。

2)高压互锁的作用是使用 12 V 的小电流来确认整个高压电气系统的完整性，整车所有的高压部件和线束接插件都必须安装到位，无短路或断路的情况。当控制器检测到 HVIL 回路断开或是完整性受到破坏时，需要采取必要的安全措施。

3)BMS 在检测到 HVIL 回路断开，判断车辆系统存在风险时，会根据当时的车辆情况，采取不同的必要安全措施。

a. 故障报警。常通过仪表警告灯亮起或发出警告鸣声等形式提醒驾驶员注意车辆情况，尽早将车辆送至专业维修点检测，避免发生安全事故。

b. 切断高压电输出。当车辆处于停止状态时，BMS 检测到 HVIL 断开，除了进行必要的警告外，还会直接切断高压电输出，使车辆无法起动，最大限度地保障乘客安全。

c. 降低高压输出功率。当车辆处于行驶状态下，BMS 检测到 HVIL 断开，直接切断高压电输出会产生严重的、不可控的后果。此时，除了采用必要的警告灯/警告音提醒驾驶员外，高压控制系统将强制降低电机的输出功率，强制降低车速，使车辆始终处于一个低速的运行状态下，给驾驶员足够的时间和机会寻找合适的地点停车。如驾驶员在停车后未及时将车辆送检维修，那么在下次起动车辆时，BMS 将会直接采取前面提及的直接切断高压电的措施，用以保障用户及车辆安全。

(2)高压互锁的系统原理

1)一般电动车使用的高压部件有电池包、车载充电装置、电驱动装置及控制电子系统、高电压加热装置(PTC)、空调压缩机等用电器。

2)高压互锁回路如图 5-2-15 所示。只有当互锁回路形成了一个完整的闭环，BMS 认为车辆的高压部件状态正常，才会允许接通高压电源。当回路断开时，会触发 HVIL 的断开信号，BMS 将在毫秒级时间内断开高压电，确保用户安全。

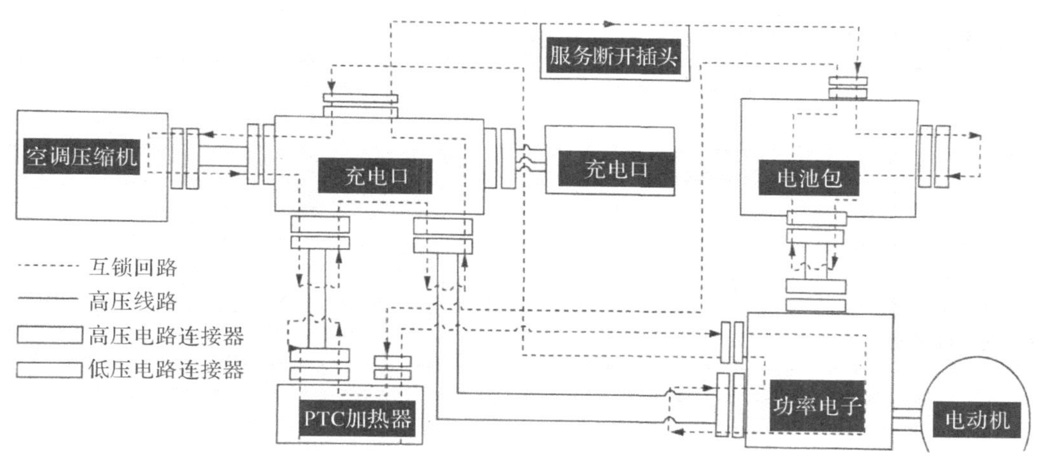

图 5-2-15　高压互锁回路

3)除了车辆由于意外或碰撞等因素导致 HVIL 回路断开外，断开服务插头(Service Disconnect Stecker)也会导致 HVIL 回路断路。服务断开插头是低压接插件，在电动车车辆维修时，作为安全保障，维修人员需要先行断开服务插头，即将 HVIL 回路断开，停止高压电的输出后，才能进行车辆维修。

【任务训练】

根据实习场地设备以及故障现象完成下面工作任务单。

1. 制订计划

根据故障现象和任务要求，确定所需要的检测仪器、工具，并对小组成员进行合理分工，制订详细的诊断和修复计划。

故障现象分析
检测仪器、工具及防护用具
小组成员分工
诊断和排除计划
第一步： 第二步： 第三步： 第四步：

2.任务实施

1)确认故障,试车。

进行试车,故障现象与客户描述是否一致:是□　否□

初步分析:________________,导致车辆无法行驶。

2)记录车辆信息及组合仪表故障提示。

车辆信息	车辆品牌	
	整车年款型号	
	车辆识别代码	
仪表盘显示情况		
中控显示情况		
车辆提示音警告情况		
操作换挡旋钮,车辆运作状态情况		

3)车辆基本检查。

低压蓄电池电压是否正常	
车辆工作液是否充足	
车辆高压线束是否连接完好	
空调系统工作是否正常	
电动真空泵是否正常	
连接充电枪,观察仪表盘显示情况	
能否正常充电	

4)连接诊断仪,读取故障码。

有无故障代码	
有□ 无□	故障代码:____________________ __________

5)查阅电路图,分析故障范围,进行数据测量。

故障部位	测量数据

6)分析测量数据，确认故障点：____________________________。

7)故障排除。故障点排除处理说明：□更换 □维修 □调整

8)验证故障是否排除。

是否清除故障代码	□是	□否
检查车辆高压上电情况	□正常	□不正常
检查车辆行驶情况	□正常	□不正常

【任务评价】

课程名称		学习项目	
学生姓名		学习小组	
评价内容	评价等级		
	优	良	中
相关知识的掌握			
工作页的完成			
8S 管理			
课堂纪律			
团队合作			
教师综合评价			
教师评语：			

任务三　新能源汽车动力电池过热故障的诊断与排除

【学习目标】

1. 知识目标

1)能够描述动力电池的组成与功能。

2)能够描述动力电池的类型及工作原理。

4)能够描述动力电池管理系统的功能。

5)能够描述动力电池管理系统的结构组成。

6)能够描述动力电池的发热原因与冷却系统的作用。

7)能够描述动力电池冷却系统的冷却形式及结构组成。

2. 技能目标

能够进行动力电池过热故障的诊断与排除。

【情景导入】

一辆比亚迪 e5 进厂维修,客户反映车辆加速无力,驱动功率限制警告灯点亮,动力蓄电池过热警告灯点亮,作为技术员,请你根据维修手册及技术标准,对动力蓄电池过热故障进行诊断与排除。

【学习过程】

一、新能源汽车动力电池

1. 动力电池的作用

动力电池的作用是接收和储存由车载充电机、发电机、制动能量回收装置或外置充电装置提供的电能,并且为驱动电动机和其他高压用电设备提供电能,类似于燃油车的油箱。动力电池是纯电动汽车的核心部件,也是新能源汽车上价格最高的部件之一。动力电池的性能直接决定了车辆的实际价值。动力电池一旦失效,车辆就会处于瘫痪状态。动力电池属于高压安全部件,内部机构复杂,工作时需要很苛刻的条件,任何异常因素都将导致动力被切断,因此维修人员必须经过严格的培训才能对动力电池进行各项作业。

2. 动力电池的安装位置

动力电池尽可能放在清洁、阴凉、通风、干燥的地方并避免受到阳光直射,远离热源。动力电池应当水平安装放置,不可倾斜。动力电池之间应有冷却装置,以避免在使用过程中产生过高的热量而影响其性能或造成损坏,严重者可导致爆炸。

纯电动汽车的动力电池体积较大,一般位于车辆底部前、后桥及两侧纵梁之间,安装在这些位置可以有较高碰撞安全性,可以降低车辆重心,车辆操控性更好。图 5-3-1 是比亚迪 e5 纯电动汽车动力电池安装位置。混合动力电动汽车的动力电池较小,可置于行李箱和后排座椅的下方或之间。

图 5-3-1　动力电池的安装位置

动力电池安装在这些地方，不但使拆装操作更加简单，避免了动力电池安装分散，减小了动力电池之间高压连接线束的使用，避免了线路连接过多的问题，而且节约了成本。

3.动力电池的类型结构以及工作原理

(1)锂离子电池

锂离子电池是指电化学体系中含有锂(包括金属锂、锂合金和锂离子、锂聚合物)的电池。

1)锂离子电池的基本结构。一般的锂离子电池的结构如图5-3-2所示，正极和负极的活性物质是利用一种被称为Binder的树脂胶黏剂固定在金属箔上的，然后在其中间夹入隔膜后收卷而成。

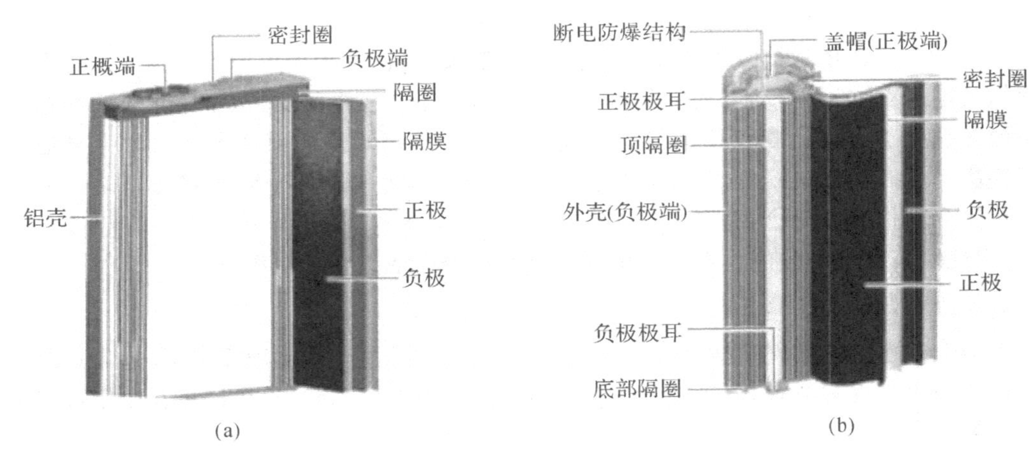

图5-3-2 锂离子电池的结构

(a)方形锂离子电池；(b)圆柱形锂离子电池

2)锂离子电池的工作原理。

图5-3-3是锂离子电池的工作原理。它由作为氧化剂的正极活性物质、作为还原剂的负极活性物质、作为锂离子导电的电解液以及防止两个电极产生短路的隔板组成，利用正极与负极之间锂离子的移动来进行充电和放电。

向左的反应表示充电，向右的反应表示放电，锂离子电池是锂离子在电极之间移动而产生电能的，这种电能的存储和放出是通过正极活性物质中放出的锂离子向负极活性物质中移动完成化学反应。

这种化学反应是锂离子电池的最大特点。锂离子电池反应的这种特点，使锂离子电池比传统的二次电池具有更长的寿命。

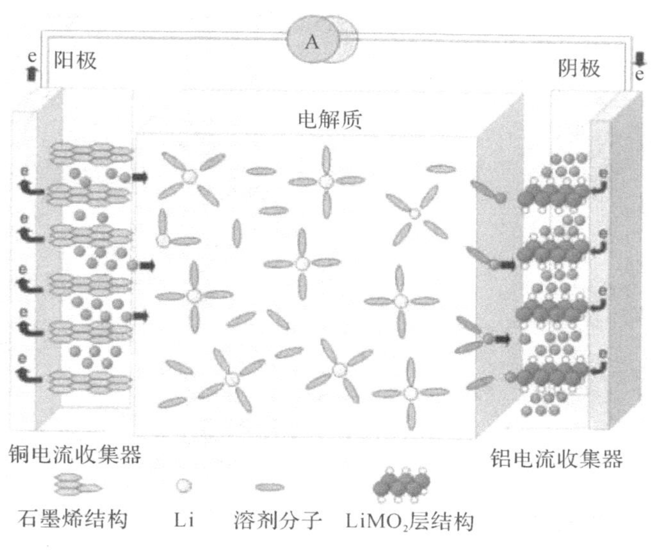

图 5-3-3　锂离子电池的工作原理

此外，电极材料种类较大的选择空间也是它的一大特点，再加上锂离子电池本身就具有小型化、轻量化和高电压化的特性，通过材料的选择和结构设计即能实现高输出功率和高容量，因此可以设计出与实际用途完全相符的结构及特性，这也是锂离子电池的优势之一。

(2)镍氢电池

1)镍氢电池的结构。镍氢动力电池是将 84～240 个容量为 6～6.5 A·h 的单体电池以串联方式连接后使用的。迄今为止，人们已开发出了方形和圆柱形的混合动力汽车用的镍氢电池，如图 5-3-4 和图 5-3-5 所示。

图 5-3-5 是圆柱密封型镍氢电池的单体电池结构示例。这种电池的结构是将以隔板作为间隔层的镍正极板和贮氢合金负极板卷成涡旋形后插入用金属制成的外壳内，分别采用烧结式(或非烧结式)的镍正极和膏状的贮氢合金负极。封口的固定方法是把以绝缘垫圈作为间隔的且具有再恢复功能的安全阀的封口板预先固定在电解槽外壳上。为了在即使有大电流流过的瞬间也能阻止电池电压的下降或发热，正极和负极的集电体采用了尽可能降低连接电阻值的设计方法。由于单体电池连接成的模块将搭载在车辆上，因此模块必须具有承受剧烈振动的能力，并必须以很低的连接电阻来承担单体电池之间的电气连接，另外，能牢固支撑模块的结构体也很重要。采用碟形的连接环对单体电池之间进行电气连接，因为这种连接环能够以最短的距离和最大的宽度来完成单体电池之间的电气连接，使单体电池之间采用低电阻接线的设想成为可能。经过精心研制，这种连接环不仅具有电气连接的功能，而且其结构体以强度和柔软性兼备的特点发挥了重要的支撑作用。为了防止在单体电池之间发生短路，专门嵌入了用树脂制作的绝缘环，从而保证了模块强度的强化和安全性。位于模块的两端且能够采用螺钉被固定在模块之间的连接母线上的端子是通过焊接方式被固定的。

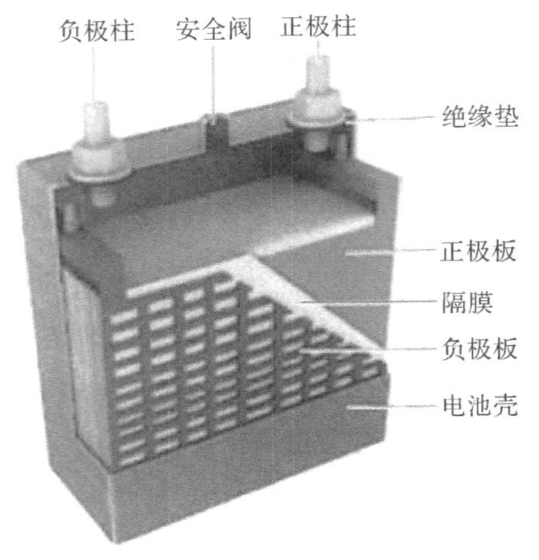

图 5-3-4 方形镍氢电池

图 5-3-5 圆柱密封型镍氢电池

图 5-3-6 是一种采用树脂电解槽的方形镍氢电池模块。它是分别将多块镍正极板和贮氢合金负极板以隔板作为间隔层互相重叠而成的，封口采用的是一种可再恢复安全阀的树脂型外盖，下端部与电解槽上端部之间采用热焊进行密封焊接。通过将设置在模块的电解槽表面的凸筋相互对接，便能在模块之间形成间隙，这样就可以使冷却气流从该间隙中穿过，从而获得更为均匀的冷却效果。以串联方式连接 20～40 个这种方形的电池模块时，由于它比圆柱形模块更节省空间且减轻了质量，因此具有良好的搭载性。

图 5-3-6 采用树脂电解槽的方形镍氢电池模块

2)镍氢蓄电池的工作原理。镍氢蓄电池由氢离子和金属镍合成，电量储备比镍镉蓄电池多 30%，比镍镉电池更轻，使用寿命也更长。

充电时，在正极，氢氧化镍被氧化生成羟基氧化镍和水。水在负极被还原，在贮氢合金的表面生成氢原子，此氢原子被贮氢合金吸收发生反应，生成金属氢化物。放电反应则与之相反。

与镍镉蓄电池的电池反应不同，在镍氢蓄电池中，充电时氢从正极向负极移动，放电时向反方向移动，其间并不伴随电解液总量和浓度的增减。

二、新能源汽车动力电池管理系统

1. 动力电池管理系统的结构

动力电池的能量储存与输出都需要模块来进行管理，即动力电池能量管理模块，也称为动力电池管理系统或动力电池能量管理系统，简称 BMS。图 5－3－7 是新能源电动汽车 BMS 整体结构及布置图。

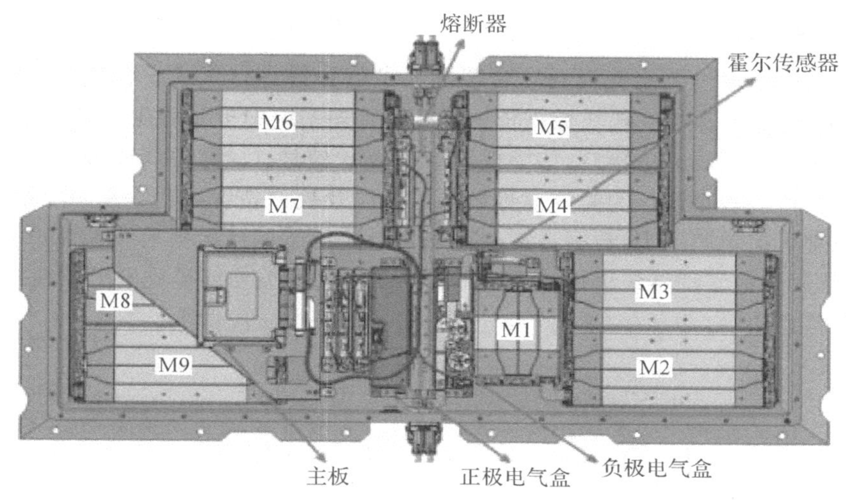

图 5－3－7　新能源电动汽车 BMS

2. 动力电池管理系统的功能

BMS 通过电压、电流及温度检测等功能，实现对动力电池系统的过压、欠压、过流、过高温和过低温保护，以及继电器控制、荷电状态（SOC）估算、充放电管理、加热或保温、均衡控制、故障报警及处理、与其他控制通信等功能。此外，电池管理系统还具有高压回路绝缘检测功能以及为动力电池系统加热功能。

动力电池管理系统主控制功能主要包括数据采集、电池状态计算、能量管理、安全管理、热管理、均衡控制、通信和人机接口等。

BMS 控制方式如图 5－3－8 所示。

1）数据采集。电池管理系统的所有算法都是以采集的动力电池数据作为输入，采样速率、精度和前置滤波特性是影响电池系统性能的重要指标。电动汽车电池管理系统的采样速率一般要求大于 200 Hz(50 ms)。

2）电池状态计算。电池状态包括电池组荷电状态（SOC）和电池组健康状态（SOH），用来提示动力电池组剩余电量，是计算和估计电动汽车续驶里程的基础。SOH 可用来提示电池技术状态，预计可用寿命等。

3）能量管理。能量管理主要包括以电流、电压、温度、SOC 和 SOH 为输入进行充电过程控制，以 SOC、SOH 和温度等参数为条件进行放电功率控制。

4)安全管理。安全管理即监视电池电压、电流、温度是否超过正常范围，防止电池组过充、过放。当对电池组进行整组监控时，多数电池管理系统已经发展到对极端单体电池进行过充电、过放电、过热等安全状态管理。

5)热管理。热管理即在电池工作温度超高时进行冷却，在低于适宜工作温度下限时进行电池加热，使电池处于适宜的工作温度范围内，并在电池工作过程中总保持电池单体间温度均衡。对于大功率放电和高温条件下使用的电池，电池的热管理尤为必要。

6)均衡控制。由于电池的一致性差异，电池组的工作状态是由最差的单体电池决定的。在电池组各个电池之间设置均衡电路，实施均衡控制，是为了使各单体电池充放电的工作情况尽量一致，提高整体电池组的工作性能。

7)通信功能。通过电池管理系统实现电池参数和信息与车载设备或非车载设备的通信，为充放电控制、整车控制提供数据依据是电池管理系统的重要功能之一，根据应用需要，数据交换可采用不同的通信接口，如模拟信号、PWM 信号、CAN 总线或 I2C 串行接口。

8)人机接口。根据设计的需要设置显示信息以及控制按键、旋钮等。电池管理系统的主要工作原理可简单归纳为：数据采集电路采集电池状态信息数据后，由 ECU 进行数据处理和分析，然后电池管理系统根据分析结果对系统内的相关功能模块发出控制指令，并向外界传递参数信息。

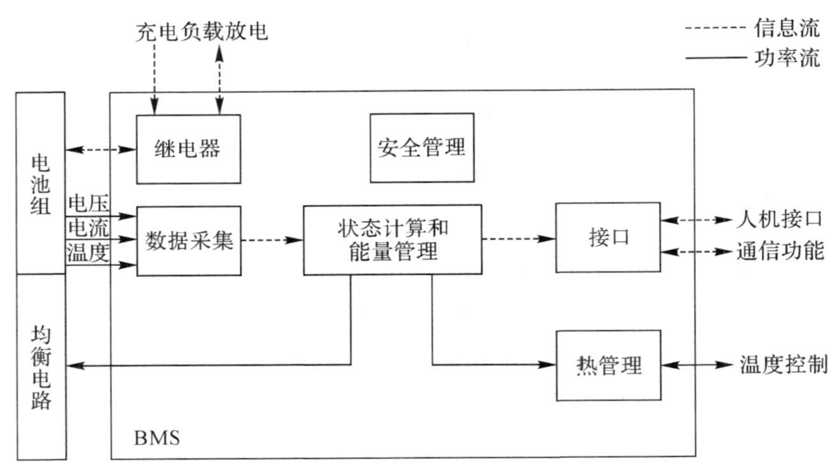

图 5-3-8 BMS 控制方式

3. 动力电池管理系统的组成及功能

动力电池管理系统(BMS)的组成可以分为硬件和软件。硬件包括主板、从板及高压盒，还包括采集电压线、电流、温度等数据的电子器件；软件用于监测电池的电压、电流、SOC 值、绝缘电阻值、温度值，通过与 VCU、充电机的通信，来控制动力电池系统的充放电。以北汽新能源汽车为例，其 BMS 功能如图 5-3-9 所示，其位置如图 5-3-10 所示。动力电池模组放置在一个密封并且屏蔽的动力电池箱里面，动力电池系统使用可靠的高低压插接件与整车进行连接。系统内的 BMS 实时采集各电芯的电压值、各温度传感器的温度值、电池系统的总电压值和总电流值、电池系统的绝缘电阻值等数据，并根据 BMS 中设定的阈值判定电池系统工作是否正常，并对故障实时监控。动力电池系统通过 BMS 使用 CAN 与 VCU 或充电机之间进行通信，对动力电池系统进行充放电等综合管理。

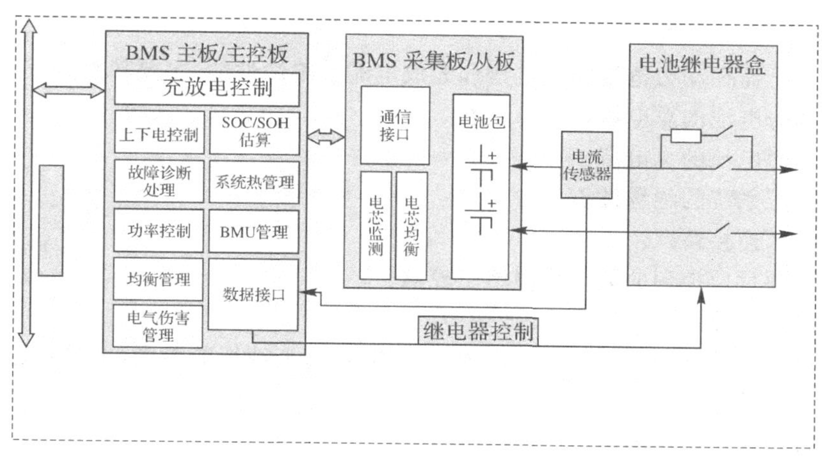

图 5-3-9　北汽新能源汽车的 BMS 功能

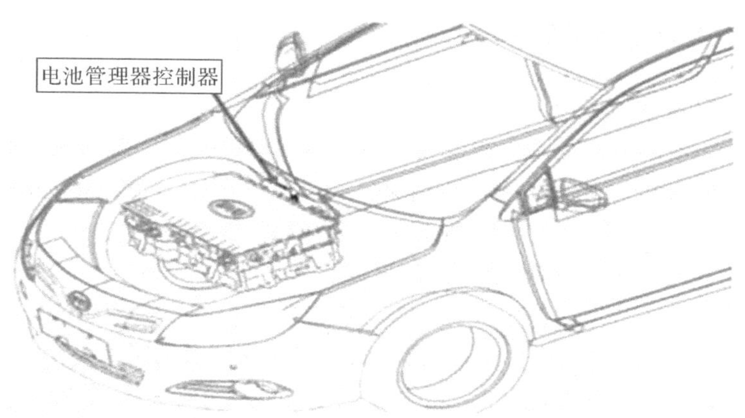

图 5-3-10　BMS 的位置

以下介绍 BMS 主要组成部分的功能。

(1)主控盒

主控盒是一个连接外部通信和内部通信的平台，主要功能如下：

1)接收电池管理系统反馈的实时温度和单体电压，并计算最大值和最小值。

2)接收高压盒反馈的总电压和电流情况。

3)与整车控制器通信。

4)与充电机或快充桩通信。

5)控制正、负主继电器。

6)控制电池加热。

7)唤醒应答。

8)控制充/放电电流。

(2)高压盒

高压盒用于监控动力电池的总电压和充放电流及绝缘性能,主要功能如下:

1)监控动力电池的总电压。

2)监控动力电池的总电流。

3)检测高压系统的绝缘性能。

4)监控高压连接情况。

5)将以上项目监控到的数据反馈给主控盒。

(3)电池低压管理系统

电池低压管理系统用于监控动力电池的单体电压、电池组的温度,主要功能如下:

1)监控每个单体电压。

2)监控每个电池组的温度。

3)监测高压系统绝缘性能。

4)监测 SOC 值。

5)将以上监控到的数据反馈给主控盒。

三、新能源汽车动力电池冷却系统

1.动力电池的发热原因

动力电池作为电动汽车的动力能源,其充电、做功时的发热问题一直阻碍着电动汽车的发展。动力电池的性能与电池温度密切相关。40～50 ℃以上的高温会明显加速电池的消耗,更高的温度(如 120～150 ℃以上)则会引发电池热失控。

下面以镍氢电池为例,介绍电池发热的原因。

镍氢电池电化学反应原理决定了镍氢电池在充放电过程中会产生热。生热因素主要有 4 个:电池化学反应生热、电池极化生热、充电刷反应生热以及内阻焦耳热。

如果把电池内部所有的物质(如活性物质、正极和负极、隔板等)假定为一个具有相同特性的整体,则因其热传导性非常好,故电池内部单元等温。但由于电池壳体基本不产生热量,因而其温度与电池内部的温度非常接近。电池经过变电流充放工况后,其最高温度和最低温度与电池平均温度之差在 4.2 ℃左右,电池的最高温度在 35.5 ℃左右。

2.动力电池冷却系统的作用

动力电池组的工作状态包括:

1)电池组在充放电时会释放一定的热量,故需要对电池组进行冷却。

2)在低温环境下,需要对电池组进行加热处理,以提高运行效率。

动力电池组采用冷却系统的作用是,通过对动力电池组冷却或加热,保持动力电池组较佳的工作温度,以改善其运行效率并提高电池组的寿命。图 5－3－11 是动力电池组的热管理系统示意图。热管理系统可以根据需要对电池组进行冷却或加热。

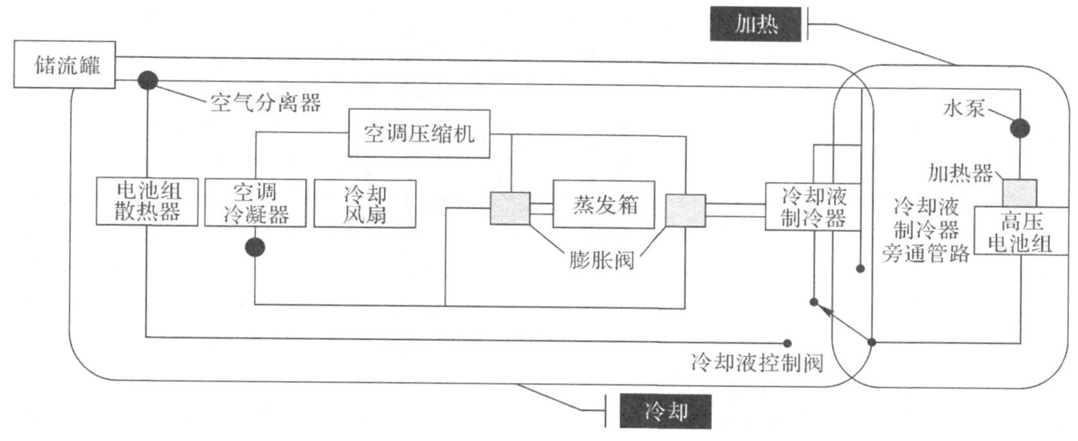

图 5-3-11 动力电池组的热管理系统

2. 动力电池冷却系统的冷却形式

除了极少数车型没有采用冷却系统以外，目前应用在动力电池上的冷却方式有水冷和风冷两种。

(1)水冷动力电池冷却系统

水冷动力电池冷却系统的结构如图 5-3-12 所示，主要部件包括散热器、膨胀壶、电子水泵、VCU 或 HPCM2)、冷却液控制阀、加热器和冷却管路等。

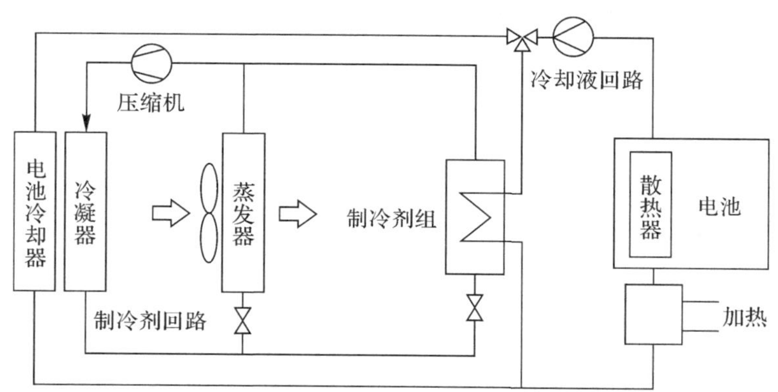

图 5-3-12 水冷动力电池冷却系统的结构

水冷动力电池冷却系统的优点：电池平均能量效率高；电池模块结构紧凑；冷却效果优异；能集成电池加热组件，解决了在环境温度很低的情况下加热电池的问题。

缺点：系统复杂，部件(如水泵、阀、低温水箱)很多，成本高。

以下介绍冷却系统关键部件——电动水泵和电子风扇。

如图 5-3-13 所示，电动水泵是冷液循环的动力元件，具有对冷却液加压、促使冷却液在冷却系统中循环、带走系统所散发热量的关键作用。

图 5－3－13 电动水泵

电子风扇如图 5－3－14 所示。其作用是提高流经散热器、冷凝器的空气流速和流量，以提高散热器的散热能力，并冷却机舱其他附件。

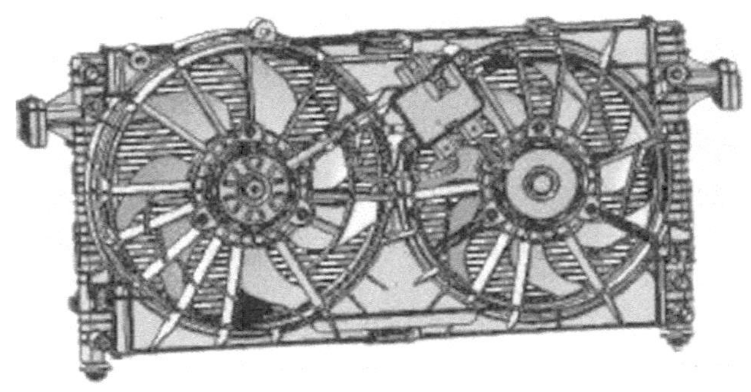

图 5－3－14 电子风扇

(2)风冷动力电池冷却系统

风冷动力电池冷却系统结构如图 5－3－15 所示。

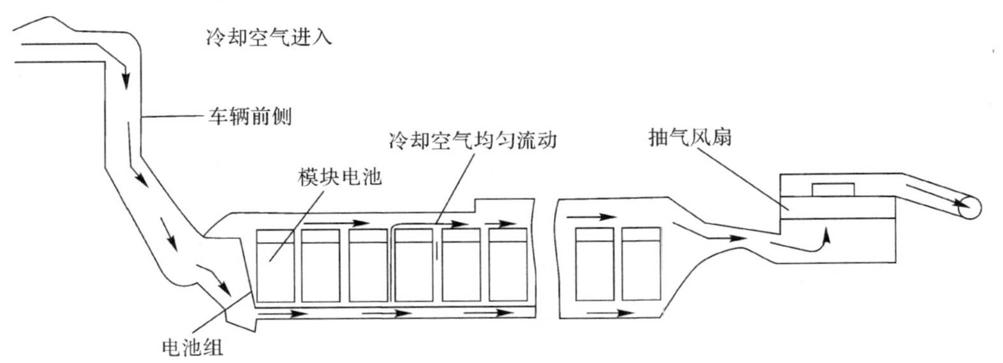

图 5－3－15 风冷动力电池冷却系统结构

冷却空气在动力电池模块中的流动有串行通风、并行通风、冷却风扇控制等方式。

1)串行通风结构。风冷电池模块采用串行通风结构。在该散热模式下，冷空气从左侧吹入，从右侧吹出。空气在流动过程中不断地被加热，所以右侧的冷却效果比左侧要差，电池箱内电池组温度从左到右依次升高。该技术应用在第一代丰田普锐斯等车型上。

2)并行通风结构。并行通风方式可以使空气流量在电池模块间更均匀地分布，这需要对进排气通道、电池布置位置进行设计。其楔形的进排气通道使不同模块间缝隙上、下的压力差基本保持一致，确保吹过不同电池风扇模块的空气流量的一致性，从而保证了电池组温度场分布的一致性。

3)冷却风扇控制。双模式混合动力电池装备有一个冷却风扇和电池冷却通风导管，电池控制模块使用 4 个传感器探测电池温度，还有 2 个传感器探测空气温度，根据温度信号以及风扇转速信号，控制模块通过 PWM 信号来调节风扇转速。电池组工作温度超出正常范围时，系统启动电池冷却风扇。

3. 动力电池冷却系统的结构组成

1)冷却液泵。整个冷却系统有两个电子水泵，分别是 PEB/驱动电机冷却液泵和动力电池冷却液泵。

动力电池冷却器冷却泵通过安装支架，由 2 个螺栓固定在车身底盘上，经由其运转，使动力电池冷却系统循环。

2)冷却液软管。橡胶冷却液软管在各组件间传送冷却液，弹簧卡箍将软管固定于各组件上。动力电池冷却系统软管布置在前舱内和后地板总成下。

3)膨胀水箱。动力电池冷却系统配有带卸压阀的注塑冷却液膨胀水箱，膨胀水箱安装在 PEB 托盘上，溢流管连接到电池冷却器出液管上，出液管连接到冷却水管三通上。膨胀水箱外部带有“MAX”和“MIN”刻度，便于用户观察液位。

4)散热器和冷却风扇。散热器是一个两端带有注塑水箱的铝制横流式散热器。散热器的下部位于紧固在前纵梁的支架所支撑的橡胶衬套内。散热器的顶部位于水箱上横梁支架所支撑的橡胶衬套内，以支撑冷却风扇总成和空调冷凝器。

空调冷凝器安装在散热器后部，由 4 个螺栓固定至冷却风扇罩上。冷却风扇和驱动电机总成及风扇低速电阻安装在空调冷凝器后部的风扇罩上。吸入式风扇抽取空气通过散热器。

5)冷却液温度传感器。冷却液温度传感器安装在散热器右侧前部，内含一个封装的负温度系数热敏电阻，该电阻与 PEB/驱动电机冷却系统冷却液相接触，是分压器电路的一部分。该电路由额定的 5 V 电源、PEB 控制模块内部电阻和与温度相关的可变电阻(传感器)组成。

6)电池冷却器。电池冷却器是动力电池冷却系统的一个关键部件，它负责将动力电池维持在合适的工作温度，使动力电池的放电性能处于最佳状态。电池冷却器主要由热交换器、带电磁阀的膨胀阀、管路接口和支架组成。热交换器主要用于动力电池冷却液和制冷系统的制冷剂的热交换，将动力电池冷却液中的热量转移到制冷剂中。

4. 动力电池冷却系统控制

(1)电动水泵控制

动力电池冷却系统的电池能量管理模块负责控制电动水泵，电动水泵会在动力电池温度上升到32.5 ℃时开启，在温度低于27.5 ℃时关闭，BMS发出要求电池冷却器膨胀阀关闭和水泵运转的信号。

(2)电池冷却器-膨胀阀控制/冷却液温度控制

空调控制模块收到来自BMS的膨胀阀电磁阀开启的信号要求，首先打开电池冷却器膨胀阀的电磁阀，并给空调控制模块发送启动信号。

动力电池最适宜的温度为20～30 ℃。

正常工作时，当动力电池的冷却液温度在30 ℃以上时，空调控制模块会限制乘客舱制冷量，冷却液温度在48 ℃以上，空调控制模块会关闭乘客舱制冷功能，但除霜模式除外。

空调控制模块只控制冷却液温度。BMS控制冷却液与BMS动力电池内部的热量交换。

(3)快速充电冷却的必要条件

当车辆进入快速充电模式时，空调控制模块会被网关模块唤醒，此时动力电池冷却系统进入正常工作状态。

【任务训练】

1. 实施要求

本任务主要学习动力电池过热故障的检修，主要包括水泵不工作故障排除。

2. 实施准备

1)防护装备：安全防护装备。

2)车辆、台架、总成：比亚迪e5新能源整车或台架，或其他车型整车或台架。

3)专用工具、设备。

4)手工工具：绝缘拆装组合工具。

5)辅助材料：警示牌、绝缘地胶、清洁剂。

3. 实施步骤

1)取下水泵保险。

a. 取下车钥匙。

b. 拆卸蓄电池负极接线柱。

c. 取下保险盒盖子。

d. 拔下保险。

e. 取下MB02(20A)水泵保险。

f. 安装保险。

g. 取下RO5水泵继电器。

2)检测保险。

a. 打开万用表，并使用万用表电阻挡。

b. 红表笔与黑表笔对表校零，阻值为0.1 Ω。

c. 红表笔和黑表笔分别连接保险端子。测量值为0.6 Ω，说明保险正常无损坏。

d. 收起红表笔和黑表笔。

e. 关闭万用表。

注意：测量电阻前，万用表必须进行校零。

3）测量保险到继电器端线路的通断。

a. 检测保险到继电器 30 号端子的线路通断：打开万用表，并使用电阻挡；红表笔与黑表笔对表校零，阻值为 0.3 Ω，正常阻值应小于 1 Ω；红表笔连接继电器 30 号端子、黑表笔连接保险 MB02 号端子；测量值为导通（正常值为导通）。

b. 检测熔丝到继电器 86 号端子的线路通断：红表笔连接继电器 86 号端子；黑表笔连接保险 MB02 号端子；测量值为导通（正常值为导通）；收起红表笔和黑表笔，并关闭万用表。

4）测量继电器到电子水泵线路的通断。

a. 打开万用表，并使用万用表电阻挡。

b. 红表笔与黑表笔对表校零，阻值为 0.3 Ω。

c. 黑表笔连接继电器 87 号端子，红表笔连接电子水泵插接器 1 号端子。

d. 测量值为导通，正常（正常值为导通）。

e. 收起红表笔和黑表笔。

f. 关闭万用表。

5）测量继电器到 VCU 的线路通断。

a. 拆卸 VCU 插接器。

b. 打开万用表，并使用万用表电阻挡。

c. 红表笔与黑表笔对表校零，阻值为 0.3 Ω，正常（正常阻值应小于 1 Ω）。

d. 红表笔连接水泵继电器 85 号线束端子，黑表笔连接 VCU115 号端子。

e. 测量值为导通，正常（正常值为导通）。

f. 收起红表笔和黑表笔，关闭万用表。

6）检查 VCU 线路的通断。

a. 打开万用表，并使用万用表电阻挡。

b. 红表笔与黑表笔对表校零，阻值为 0.3 Ω（正常阻值应小于 1 Ω）。

c. 黑表笔连接 VCU115 号端子，红表笔连接车身搭铁。

d. 测量值为导通，正常（正常值为导通）。

e. 收起红表笔和黑表笔，关闭万用表。

7）检测继电器是否正常。

a. 检测继电器线圈电阻：打开万用表，并使用万用表电阻挡；红表笔与黑表笔对表校零，阻值为 0.3 Ω（正常阻值应小于 1 Ω）；红表笔连接继电器 85 号端子，黑表笔连接继电器 86 号端子；测量值 76.6 Ω，正常（正常范围：75～80 Ω）。

b. 检测继电器线圈绝缘性：红表笔与黑表笔对表校零，阻值为 0.3 Ω，正常（正常阻值应小于 1 Ω）；红表笔连接继电器 85 号线束端子，黑表笔分别连接继电器 30 和 87 号端子；测量值为无限大，正常（正常应无限大）；④黑表笔分别连接继电器 86 号端子，红表笔分别连接继电器 30 和 87 号端子；测量值为∞，正常（正常应∞）；收起红表笔和黑表笔，关闭万用表。

注意事项：30 和 87 号端子为常开开关，测量值应为无∞。

c. 继电器加载测量：打开万用表，并使用万用表电阻挡；红表笔与黑表笔对表校零，阻值为 0.3 Ω，正常（正常阻值应小于 1 Ω）；12 V 电源红表笔连接继电器 86 号端子，12 V 电源黑表笔连接继电器 85 号端子；打开模拟 12 V 电源开关；黑表笔分别连接继电器 30 号端子，红表笔分别连接继电器 87 号端子，测量值为∞，正常（正常应∞）；收起红表笔和黑表笔，关闭万用表；收起模拟 12 V 电源红表笔和黑表笔，关闭模拟 12 V 电源开关。

8）安装蓄电池负极接线柱。（使用 10 mm 扳手紧固负极线固定螺栓，标准力矩为 10 N·m。）

9）检测保险电源电压。

a. 打开万用表，使用万用表电压挡测量。

b. 红表笔连接熔丝 MB02 号电源端子，黑表笔连接低压蓄电池负极端子。

c. 测量值为低压蓄电池电源电压，正常（正常值为低压蓄电池电源电压）。

d. 收起红表笔和黑表笔。

10）检测继电器电源电压。

a. 安装 MB02（20 A）水泵保险。

b. 打开万用表，使用万用表电压挡测量。

c. 红表笔连接继电器 86 号电源端子，黑表笔连接低压蓄电池负极端子。

d. 测量值为低压蓄电池电源电压，正常（正常值为低压蓄电池电源电压）。

e. 收起红表笔和黑表笔。

f. 红表笔连接继电器 30 号电源端子，黑表笔连接低压蓄电池负极端子。

g. 测量值为低压蓄电池电源电压，正常（正常值为低压蓄电池电源电压）。

h. 收起红表笔和黑表笔，关闭万用表。

i. 安装 R05 水泵继电器和保险盒盖。

任务四　新能源汽车高压上电后无法行驶故障的诊断与排除

【学习目标】

1）通过与客户交流、查阅相关维修技术资料等方式获取车辆故障信息。

2）根据故障现象制定正确的诊断流程。

3）根据车辆无法行驶的故障现象分析故障原因。

4）根据故障流程进行高压上电后无法行驶的故障诊断与排除。

【情景导入】

一位客户将一辆北汽 EV160 纯电动汽车送到修理厂，客户反映：该车换挡旋至“D”挡后仪表上显示“N”挡位闪烁，车辆无法行驶。假如你是修理厂的维修技师，你将如何处理该故障车辆？

【学习过程】

一、了解新能源纯电动汽车整车驱动控制模式

整车控制器通过各种状态信息（起动钥匙、充电信号、加速/制动踏板位置信号、挡位开关信号、当前车速和整车是否有故障信息等）来判断当前需要的整车工作模式（充电模式和行驶模式），然后根据当前的参数和状态及前一段时间的参数及状态，算出当前车辆的转矩

能力，按当前车辆需要的转矩，计算出合理的最终实际输出的转矩。当驾驶员踩下加速踏板时，整车控制器向驱动电机控制系统发送驱动电机输出转动方向与转矩信号，驱动电机控制系统控制电机按照驾驶人的意图输出转矩，如图 5－4－1 所示。

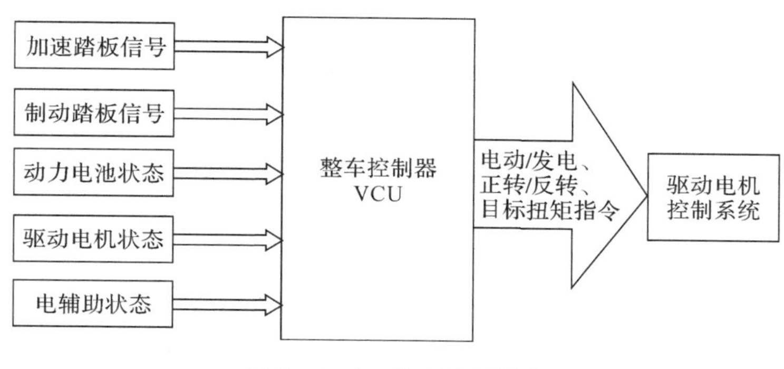

图 5－4－1　整车控制驱动

二、认识新能源纯电动汽车整车工作状态的获取

1. 整车状态获取方法

1)通过车速传感器、挡位信号传感器等采用不同的采样周期检测整车的运行状态。

2)通过 CAN 总线获得动力电池系统、电机驱动系统等的状态信息。

2. 整车状态获取内容

1)点火开关状态——“OFF”“ACC”“ON”“START”。

2)充电监控状态——充电唤醒、快充门板、慢充门板。

3)挡位状态——“P”“R”“N”“D”。

4)加速踏板位置——加速踏板开度、加速踏板加速度。

5)制动踏板状态——制动踏板开度、制动踏板加速度。

6)BMS 状态——继电器、电压、电流等。

7)MCU 状态——工作模式、转速、扭矩等。

8)EAS、PTC 信息。

9)ABS 状态、ICM 状态。

3. 行车控制分级

1)正常模式：按照驾驶人意愿、车辆载荷、路面情况和气候环境的变化，调节车辆的动力性、积极性和舒适性。

2)跛行模式：当车辆某个系统出现中度故障时，将不采纳驾驶人的加速请求，启动跛行模式，最高车速 9 km/h。

3)停机模式：当车辆某个系统出现严重故障时，控制器将停止发出指令，进入停机状态。

三、新能源纯电动汽车高压上电后无法行驶的主要原因

引起新能源纯电动汽车上高压电后无法行驶故障的主要原因有挡位开关故障、加速踏

板故障、制动灯开关故障、手刹开关故障、整车控制器故障、制动空压机故障、电机故障（旋变、温度异常等）、电池故障（SOC 过低、通信等）。

【任务实施】

1. 任务名称

新能源纯电动汽车高压上电后无法行驶故障的诊断与排除

2. 故障现象

一辆北汽 EV160 纯电动汽车，客户反映换挡旋至“D”挡后仪表上显示“N”挡位闪烁，车辆无法行驶。

3. 故障分析

（1）试车

经过试车，故障现象与客户描述一致。初步分析故障为车辆高压上电后无法行驶。

（2）检查组合仪表和中控的故障提示

打开起动开关，观察仪表盘显示情况，仪表盘能显示剩余电量、平均电耗、续航里程，“N”挡位指示灯闪烁，仪表盘显示“READY”；将换挡旋钮旋至“D”挡位，挡位指示位置仍是“N”挡位（“N”挡位指示灯闪烁），系统故障灯点亮，车辆无法正常行驶，如图 5-4-2、图 5-4-3 所示。

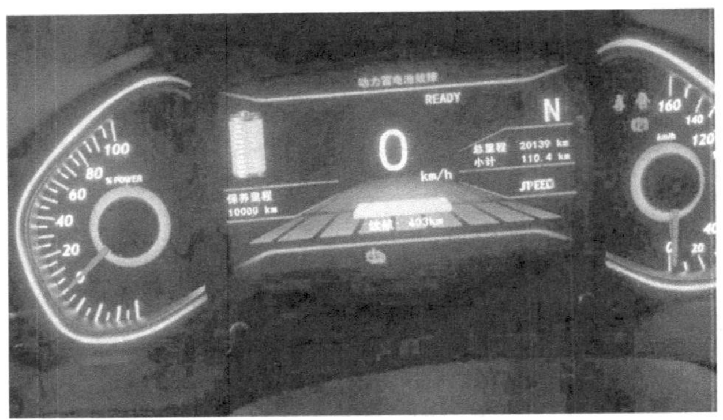

图 5-4-2　组合仪表故障灯

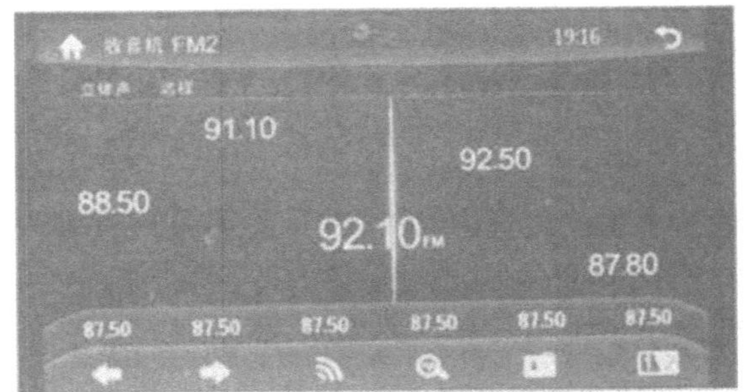

图 5-4-3　中控故障提示信息

(3)车辆功能检查

1)打开点火开关,操作空调控制按钮,空调系统工作正常,如图 5-4-4 所示。

图 5-4-4　操作空调控制按钮面板

2)反复踩下制动踏板,能听到电动真空泵工作的声音,电动真空泵工作正常,如图 5-4-5所示,说明 VCU 工作正常。

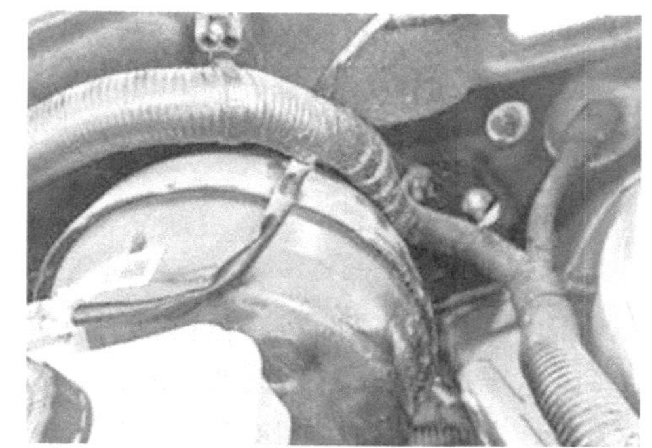

图 5-4-5　检查真空泵控制

(4)车辆基本检查

关闭点火开关,拆下低压蓄电池负极,打开前机舱盖,穿戴好个人防护用具。检查控制单元及线束插头是否存在松动、破损、进水、受潮等现象。

经检查,控制单元及线束插头无松动、破损、进水和受潮现象。

根据以上故障现象初步检查分析,车辆可以上高压电,空调、制动系统工作正常,证明整车控制器 VCU 工作正常,但是旋转换挡旋钮并不能进行车辆的挡位更换,所以初步判断车辆电子换挡旋钮出现机械故障或者线路故障。

4. 故障诊断流程

车辆高压上电无法行驶故障诊断可以参考图 5-4-6 所示的诊断流程。

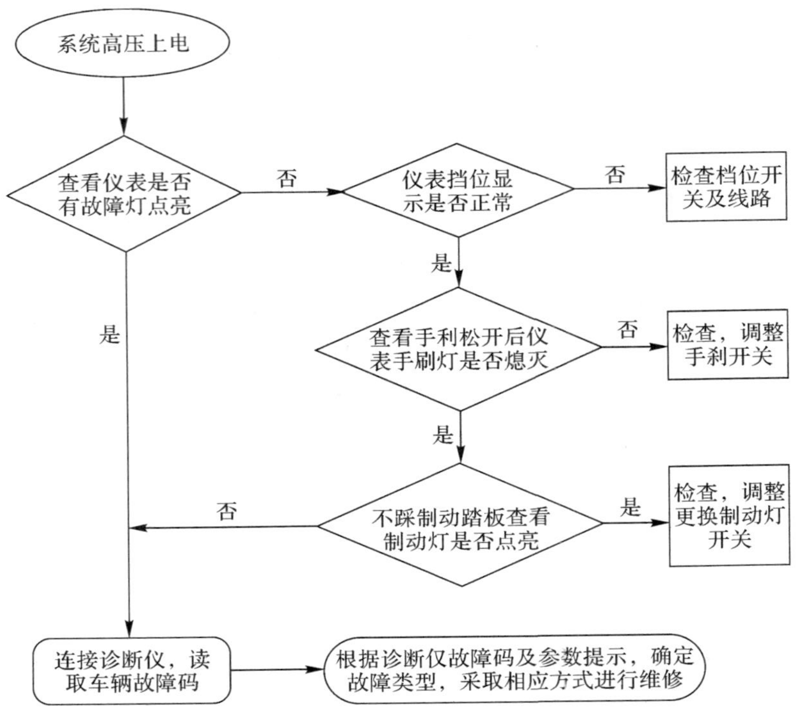

图 5-4-6　高压上电无法行驶故障诊断流程图

5. 故障诊断与排除

下面将利用上述诊断流程，完成任务中车辆无法行驶故障的检测、诊断与修复。

(1)连接故障诊断仪，读取故障码

关闭点火开关，连接诊断仪，打开点火开关，进入整车控制器读取故障码，故障码为P078001，即为挡位故障，如图 5-4-7 所示。

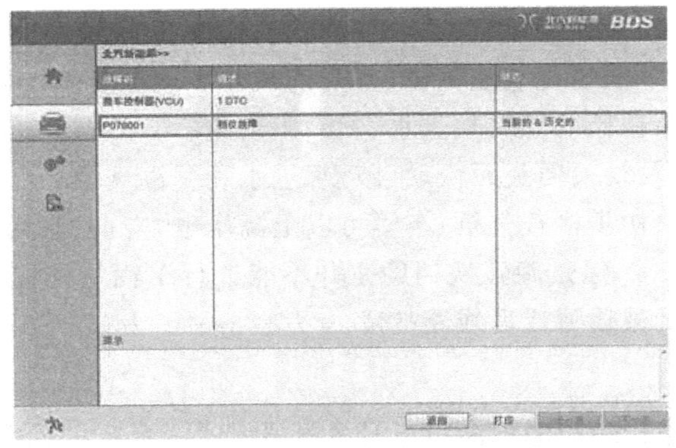

图 5-4-7　读取故障码

(2)查阅电路图,分析故障范围

查阅 EVl60 电路图,电子换挡旋钮与整车控制器 VCU 的连接情况如图 5-4-8 所示。

电子换挡旋钮的 B1 端子为电源端,B6 为搭铁端,V91—B2 为挡位信号,V830—B3 为挡位信号 2 信号线,V90—B4 为挡位信号 3 信号线,V82—85 为挡位信号 4 信号线。B7/B9 为背光灯的电源和搭铁。

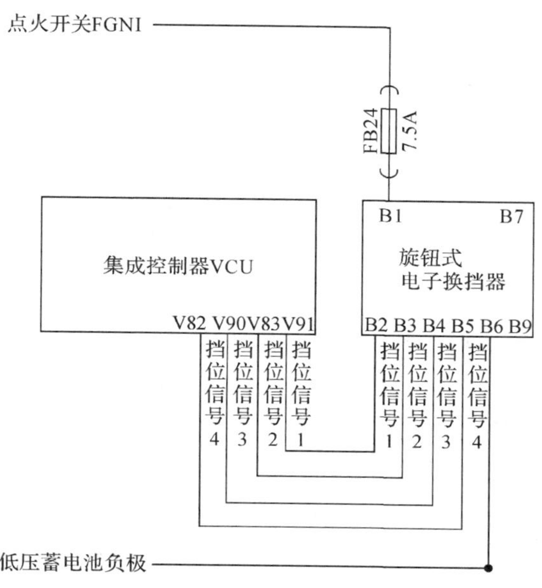

图 5-4-8　电子换挡旋钮与 VCU 连接的电路图

由以上试验和分析可知,整车控制器 VCU 工作正常,结合故障码信息,将故障范围缩小至三个方面:电子换挡旋钮供电故障、电子换挡旋钮至 VCU 信号线故障、电子换挡旋钮自身故障。

(3)检查电子挡位旋钮相关电路

1)关闭点火开关,拆下电子换挡旋钮,拔下电子换挡旋钮线束插头。

2)用万用表检测端子 B6 与搭铁之间电阻,万用表显示小于 1 Ω,为 0.2 Ω 左右,即为正常,如图 5-4-9 所示,说明电子换挡旋钮搭铁正常。

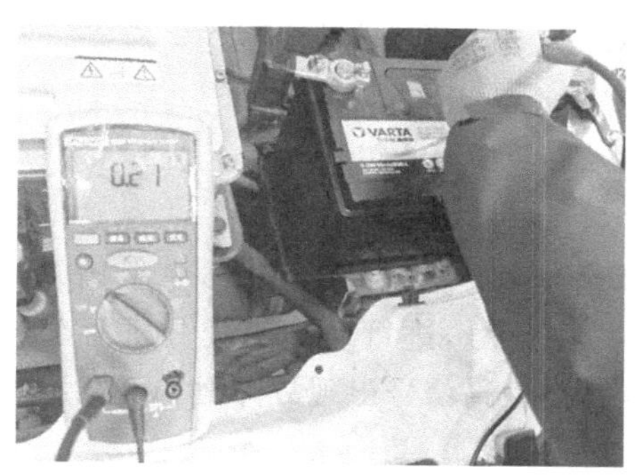

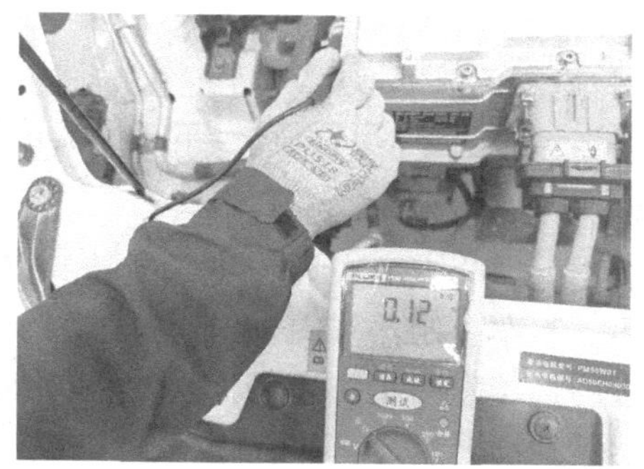

图 5-4-9　检测端子 B6 与搭铁之间电阻

3) 打开起动开关，用万用表检测端子 B1 与搭铁之间电压为 14 V，万用表显示为电源电压，如图 5-4-10 所示，说明电子换挡旋钮供电正常。

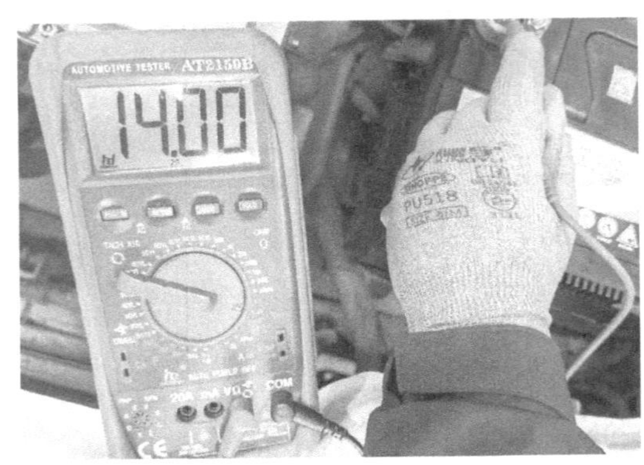

图 5-4-10 检测端子 B1 与搭铁之间电压

4)关闭点火开关。用万用表分别检测端子 B2、B3、B4、B5 与 VCU 对应端子 91、83、90、82 之间电阻，阻值小于 1 Ω。

经检测，电子换挡旋钮端子 B2 与 VCU 端子 91 之间电阻无穷大或达到 550 MΩ、11 GΩ，如图 5-4-11 所示，说明电子换挡旋钮端子 B2 与 VCU 端子 91 之间线路存在断路故障。

图 5-4-11 检测电子换挡旋钮端子 B2 与 VCU 端子 91 之间电阻

(4)修复该故障

再次试车，故障现象消失，车辆恢复正常。

6.故障案例分析

北汽 EV160 纯电动汽车电子换挡旋钮采用 4 个光电传感器进行编码，每个挡位对应一个编码。整车控制器 VCU 接收电子换挡旋钮的 4 路信号，进行运算比较分析后确定此时驾驶人的选挡意图是前进、倒车，还是空挡。当有一路编码信号出现故障时，VCU 不能正确识别驾驶意图，导致车辆无法行驶。

【任务训练】

1. 查阅资料回答下面问题

(1)整车控制器通过各种状态信息(起动钥匙、充电信号、加速/制动踏板位置信号、挡位开关信号、当前车速和整车是否有故障信息等)来判断当前需要的整车工作模式(________和________),然后根据当前的参数和状态及前一段时间的参数和状态,算出当前车辆的__________,按当前车辆需要的转矩,计算出合理的最终实际输出的转矩。当驾驶员踩下加速踏板时,整车控制器向驱动电机控制系统发送驱动电机输出__________与__________,驱动电机控制系统控制电机按照__________的意图输出转矩。

(2)纯电动汽车整车状态获取方法有哪两种?

(3)纯电动汽车整车状态获取内容有哪些?

(4)纯电动汽车行车控制分级:__________、__________、__________。

2. 根据实习场地设备以及故障现象完成下面工作任务单

(1)制订计划

根据故障现象和任务要求,确定所需要的检测仪器、工具,并对小组成员进行合理分工,制订详细的诊断和修复计划。

故障现象分析
检测仪器、工具及防护用具

小组成员分工
诊断和排除计划
第一步： 第二步： 第三步： 第四步：

(2)任务实施

1)确认故障,试车。

进行试车,故障现象与客户描述一致:是□　否□

初步分析:________________,导致车辆无法行驶。

2)记录车辆信息及组合仪表故障提示。

车辆信息	车辆品牌	
	整车年款型号	
	车辆识别代码	
仪表盘显示情况		
中控显示情况		
车辆提示音警告情况		
操作换挡旋钮,车辆运作状态情况		

3)车辆基本检查。

低压蓄电池电压是否正常	
车辆工作液是否充足	
车辆高压线束是否连接完好	
空调系统工作是否正常	
电动真空泵是否正常	
连接充电枪,观察仪表盘显示情况	
能否正常充电	

4)连接诊断仪,读取故障代码。

有无故障代码	
有□ 无□ 故障代码	故障代码:________________ ________

5)查阅电路图,分析故障范围,进行数据测量。

故障部位	测量数据

6)分析测量数据,确认故障点:________________。

7)故障排除。故障点排除处理说明:□更换　□维修　□调整

8)验证故障是否排除。

是否清除故障码	□是	□否
检查车辆高压上电情况	□正常	□不正常
检查车辆行驶情况	□正常	□不正常

(3)学习评价

<table>
<tr><td>课程名称</td><td></td><td>学习项目</td><td></td></tr>
<tr><td>学生姓名</td><td></td><td>学习小组</td><td></td></tr>
<tr><td rowspan="2">评价内容</td><td colspan="3">评价等级</td></tr>
<tr><td>优</td><td>良</td><td>中</td></tr>
<tr><td>相关知识的掌握</td><td></td><td></td><td></td></tr>
<tr><td>工作页的完成</td><td></td><td></td><td></td></tr>
<tr><td>8S 管理</td><td></td><td></td><td></td></tr>
<tr><td>纪律</td><td></td><td></td><td></td></tr>
<tr><td>团队合作</td><td></td><td></td><td></td></tr>
<tr><td>教师综合评价</td><td></td><td></td><td></td></tr>
<tr><td colspan="4">教师评语：</td></tr>
</table>

参考文献

[1] 郑军武，吴书龙. 新能源汽车技术[M]. 长春：东北师范大学出版社，2016.

[2] 黄洪庆，王斌，朱润标. 纯电动汽车常见故障诊断与排除[M]. 长春：吉林大学出版社，2021.

[3] 李伟. 新能源汽车构造原理与故障检修[M]. 北京：化学工业出版社，2015.

[4] 包科杰，徐利强. 新能源汽车维护与故障诊断[M]. 北京：人民交通出版社，2017.

[5] 陈黎明. 电动汽车结构原理与故障诊断[M]. 北京：机械工业出版社，2015.

[6] 李辉学. 新能源汽车概论[M]. 北京：中国劳动社会保障出版社，2020.

[7] 姜丽娟. 新能源汽车高压电安全[M]. 北京：中国劳动社会保障出版社，2020.